Balzac

Coleção Biografias **L&PM** Pocket:

Balzac – François Taillandier
Modigliani – Christian Parisot
Kafka – Gérard-Georges Lemaire
Júlio César – Joël Schmidt

François Taillandier

Balzac

Tradução de Ilana Heineberg

www.lpm.com.br
L&PM POCKET

Coleção **L&PM** Pocket, vol. 556
Série Biografias/1

Título original: *Balzac*

Tradução: Ilana Heineberg
Capa: *Projeto gráfico* – Editora Gallimard
Ilustrações – Retrato anônimo de Balzac (detalhe) © Rue des Archives / The Granger Collection NYC. Extrato do manuscrito de *O lírio do vale*. © Rue des Archives

Revisão: Renato Deitos e Rosélis Pereira

CIP-BRASIL. CATALOGAÇÃO-NA-FONTE
SINDICATO NACIONAL DOS EDITORES DE LIVROS, RJ.

T138b Taillandier, François, 1955-
Balzac / François Taillandier; tradução de Ilana Heineberg. – Porto Alegre, RS : L&PM, 2006
144p. – (L&PM pocket ; v.556)

Tradução de: Balzac
Inclui bibliografia
ISBN 85-254-1559-6

1. Balzac, Honoré de, 1799-1850 - Biografia. I. Título. II. Série.

06-3427. CDD 928.4
CDU 929:821.133.1

Porto Alegre: Rua Comendador Coruja 314, loja 9 - 90220-180
Floresta - RS / Fone: 51.3225.5777
Pedidos & Depto. comercial: vendas@lpm.com.br
Fale conosco: info@lpm.com.br
www.lpm.com.br

Impresso no Brasil
Primavera de 2006

Sumário

Criar, sempre criar!
Deus criou apenas durante seis dias!

(Carta à sra. Hanska, 29 de abril de 1842)

Apresentação

As árvores cresceram no cemitério Père-Lachaise, e, hoje, quando se sobe até o túmulo de Balzac, situado na ladeira que dá continuidade ao caminho de Montlouis, não se tem mais a vista panorâmica sobre a capital que desfrutava o seu jovem herói Eugène de Rastignac na última página de *O pai Goriot*.

O monumento é modesto. Foi colocada ali uma réplica em bronze do busto realizado por David d'Angers, do qual tanto se orgulhava. Na sua frente, repousa Gérard de Nerval. À sua direita, um certo A. Bazin, falecido em 23 de agosto de 1850, cinco dias depois dele.

Não longe dali, encontramos as sepulturas do escritor Nodier, do pintor Delacroix, do escultor Barye, de François Buloz, fundador da *Revue des Deux Mondes*, do historiador Michelet, de Casemir Delavigne, considerado um grande dramaturgo. Mais embaixo, a de Frédéric Soulié, antiga glória do romance popular mas cujo nome hoje mal pode ser lido na pedra.

E tudo em torno dessa parte antiga do cemitério são condessas e generais, industriais e ministros, administradores e burgueses, com datas, inscrições, bustos, todas as vaidades de um certo tempo. Em resumo, Honoré de Balzac dorme entre as suas criaturas. Não nos surpreenderíamos de nos deparar com os nomes de Barão Nucingen ou do procurador Derville, de Anastasie de Restaud ou de Henri de Marsay.

Contar a vida de Balzac é contar como um homem de origem provinciana e modesta (a sua elegante preposição "de" não deve nos iludir) consegue dar vida a um mundo, espelhar toda uma época numa obra romanesca múltipla, colorida, toda feita de luz e sombra. É reviver o desafio titânico que um criador instintivo e poderoso lançou ao seu tempo – e a si mesmo –, sonhando com a glória e repleto de dívidas, amante e apaixonado, simultaneamente epicurista e ingênuo. É retraçar um combate de duas décadas no fim do qual ele desmoronou, arrasado, para não mais se levantar, acreditando talvez ter errado o alvo quando na verdade triunfava.

O romance é uma invenção da Europa e dos tempos modernos. Tendo se tornado, ao longo do século XX, o gênero dominante, o vetor da globalização literária, para o bem e para o mal, capaz de acolher, devido à sua perfeita plasticidade, toda a diversidade de experiências, de culturas, de objetivos estéticos, nunca perde de vista alguns dos grandes fundadores, cujos nomes soam como marcos e referências indispensáveis. Da mesma forma que a geografia de um continente se encarna em alguns lugares altamente simbólicos – o Partenon e a catedral de Chartres, Roma e Moscou, as colunas de Hércules –, o romance é cercado por figuras que o definem, por estátuas cuja presença balizam e delimitam um espaço aberto e comum.

Cervantes na Espanha, Defoe na Inglaterra, Goethe na Alemanha, Nicolai Gogol na Rússia aparecem como os grandes criadores dos quais todos os romances são herdeiros. Podemos ir além deles, ou a outros lugares, mas não podemos ignorá-los. Os que, no século XX, abrem novos caminhos estéticos, Joyce, Kafka, Faulkner ou Céline, sabem-se ligados a eles.

É claro, existem romances antes da aparição desses marcos. A Antigüidade nos deixou os nomes e as obras de Petrônio, Apuleio, Luciano. Alguns falam em romances medievais, como os de Chrétien de Troyes, e o próprio Dom Quixote era um leitor de romances. Mas *O asno de ouro* ou *A história verdadeira* não encarnam as suas épocas. Quanto às aventuras da Távola Redonda e aos romances ditos de cavalaria, eles apenas dão uma forma escrita a narrativas lendárias cuja fonte é anterior, e estrangeira.

O romance autônomo, impondo o seu próprio universo e as suas próprias leis, o romance concebido como o "terceiro estado da literatura", e que se impõe progressivamente junto aos gêneros nobres – tragédia, epopéia, poesia lírica – existe a partir de *Dom Quixote*, *Robinson Crusoé*, *Wilhelm Meister*.

Ao lado desses grandes fundadores encontra-se Honoré de Balzac. De todos os romancistas franceses, o seu nome é o que vem mais espontaneamente ao espírito, quando se trata do panteão universal.

O fato é tanto mais notável por Balzac não ser, cronologicamente, o primeiro romancista francês. Antes dele houve Rabelais, Madame de Lafayette, Scarron, Marivaux, Prévost e tantos outros. Mas ele é o primeiro visível em toda a Europa, lido por todos e por toda parte. Para um público imenso, de todas as idades e de todas as condições, Balzac *é* o romance.

Essa associação de uma arte a um homem, essa criação de um emblema ou de um ícone, deve-se, no seu caso, a duas razões.

A primeira é que ele impõe com força um modelo de romance que conhecerá uma longa tradição. O romance como pintura de uma sociedade (o que não era o caso nem de Rabelais, nem de Diderot, nem de Goethe) é, para muitos, uma invenção de Balzac. Não que tivesse surgido do nada e que não se possa encontrar-lhe predecessores: mas é ele quem desenvolve essa opção em todas as suas conseqüências e em todos os seus efeitos. É o primeiro a tomar como tema, e não apenas como pano de fundo, as histórias de dinheiro, o comércio, as heranças. Supomos que a marquesa de Merteuil seja rica: trata-se de um dado periférico, algo preliminar, não há mais nada a dizer a respeito. Em Balzac, isso se torna o próprio assunto. E, se um dos pretendentes da marquesa não tem como comprar um fiacre para ir à sua casa, também é assunto. Balzac tem a ambição de manifestar diante dos olhos do leitor, pelos procedimentos romanescos, o quadro de toda uma sociedade, com todas as classes que a compõem, os mecanismos e as leis que a regem. Essa ambição, antes de Balzac, não se encontra em parte alguma. Desde o século XIX, ela marca Pérez Galdós na Espanha, Fontane na Alemanha, e vai inspirar tantos outros.

A segunda razão da associação do autor ao gênero é que Balzac aparece como o escritor que impõe o romance, aquele cuja obra, mais do que qualquer outra, contribui para construir *o grande gênero*. Até então, o romance é um gênero secundário, freqüentemente desdenhado. Lê-se romance por distração, de maneira quase vergonhosa. Não é motivo para vangloriar-se. Os grandes autores franceses – Voltaire, Diderot, Montesquieu, Rousseau – praticaram o gênero apenas ocasionalmente e, poderíamos dizer, tangencialmente. O mesmo vale para Goethe. Voltaire contava, para assegurar a sua glória, com as suas tragédias. *A religiosa* e *Jacques, o fatalista* não passaram de distração para Diderot e, enquanto o autor estava vivo, só ficaram conhecidas por um número restrito de leitores.

Quando o jovem Balzac começa a sua carreira, esse ostracismo persiste. Muitos romances são "consumidos" por um público vasto, mas os intelectuais, como instituição literária, olham-nos de cima. Tomemos um indicativo certamente bastante francês, mas significativo devido ao seu prestígio: nenhum dos grandes romancistas do século XIX – Balzac, Stendhal, Flaubert, Zola – foi membro da Academia francesa. Poderemos citar Victor Hugo: mesmo assim, é como dramaturgo e poeta que foi recebido. No domínio do romance, ele ainda nada havia escrito além de *O corcunda de Notre-Dame*. Devido ao próprio projeto de *A comédia humana*, ao seu gigantismo, a sua explícita ambição, centenas de vezes repetida, de pensar a sociedade e as forças que a animam, Balzac vai, por assim dizer, obrigar a crítica e os leitores a olharem com outros olhos para a força do romance.

A época romântica gostava de formar uma imagem mítica dos grandes criadores: Homero era cego, Dante visitou os infernos, Cervantes era maneta, Tasso foi jogado na prisão, Voltaire tinha um sorriso, aquele "sorriso hediondo" de que falava Musset (Balzac comparou o usurário Gobseck à sua efígie do Palais-Royal!). Generosamente, o romantismo aplica o mesmo método aos contemporâneos: Chateaubriand, cabelos ao vento, enfrenta as ondas; Byron morre em Missolonghi lutando pela Grécia oprimida, Hugo explora muito conscientemente sua imagem de poeta do exílio; de profeta trovejando sobre o rochedo de Guernesey.

Balzac também tem a sua imagem lendária. Balzac é o homem coberto de dívidas cuja obra toda fala em dinheiro.

Balzac é Vulcano em sua fundição, trabalhando duro, suando e arfando, bebendo litros de café e colocando para fora, num jorro inesgotável, dezenas de romances que formam um só: *Eugénie Grandet*, *Ilusões perdidas*, *Um aconchego de solteirão*, *César Birotteau*, *A prima Bette*, *O pai Goriot*, *Esplendores e misérias das cortesãs*... O hábito de monge no qual se agasalhava para trabalhar era famoso já quando ele era vivo. Pode-se nunca ter lido Balzac e ainda assim conhecer esse homem de camisa aberta, um pouco gordo, a mão sobre o coração, o olhar firme, a testa riscada por uma única ruga, imortalizado por um fotógrafo da época. Pode não se ter lido Balzac e conhecer essa silhueta *post-mortem,* maciça e nodosa, captada por Rodin. Essa imagem simples e popular, da mesma forma que a idéia geral que se faz da sua obra, é repleta de paradoxos.

Vemos nele o arquétipo do romancista, mas ele preferia falar em "cenas", "estudos", "fisiologia". Venerava Rabelais, mas sempre se comparava mais facilmente com Buffon. Esse formidável contador de histórias se via como um pensador, um moralista, um historiador. Se o termo já existisse, ele se denominaria sociólogo.

É seguramente o pai fundador do realismo – Baudelaire, que o admirava, julga-o inicialmente "visionário", e esse naturalista antes do tempo revela-se, nos "Estudos filosóficos" de que tanto gostava, um mestre da imaginação fantástica. Acreditava no magnetismo, na telepatia, na força material da vontade, na revelação do caráter pela fisionomia, em todas as ciências obscurantistas herdadas do Século das Luzes – que foi também o de Cagliostro... Existe um espiritualismo balzaquiano. Podemos não nos interessar por esse espiritualismo, mas não podemos ignorar que essa dimensão da sua obra parecia-lhe fundamental. Considerava *Seráfita* sua obra-prima.

A sua crítica impiedosa a uma sociedade dominada pelo dinheiro, pela ambição, pelo cinismo e pela avidez é admirada. Citam-se à vontade as palavras de Engels, dizendo que Balzac havia lhe ensinado mais do que muitos tratados de economia. Mas esse pintor feroz da mediocridade e do egoísmo burguês (ou aristocrático) foi tudo menos um revolucionário. Ele comprometia-se unicamente com a monarquia e a religião católica. A revolução de 1848 o consternou.

É colocado lá em cima do panteão literário, mas foi um folhetinista apressado, desejoso de enriquecer com a literatura, concorrente direto de Alexandre Dumas e de Eugène Sue. Esperava um dia poder aposentar-se e usufruir as suas rendas. Gustave Flaubert declarou que Balzac escrevia mal ("Que homem teria sido Balzac se ele soubesse escrever!"). A crítica é absurda: Balzac, com os escrúpulos de estilo de Flaubert, não teria sido Balzac. A verdade é que ele produzia apressadamente e mexia nas provas tipográficas precipitadamente. Costumava trabalhar com pressa, não se pode negar.

Acrescentemos que essa obra, que ele coroou com um título ofuscante, orgulhoso, servindo de réplica, cinco séculos mais tarde, à obra-prima de Dante, é conhecida de maneira desigual. *Eugénie Grandet* ou *O pai Goriot* são clássicos escolares; mas muito menos numerosos são os leitores que mergulham em *A musa do departamento* ou *Gambara*, *Pierre Grassou* ou *O cura da aldeia*, *Modeste Mignon* ou *Os segredos da princesa de Cadignan*, riquezas evanescentes. A edição moderna negligencia os seus *Contes drolatiques*, nos quais ele via o toque rabelaisiano da sua obra, o contraponto jocoso das visões morais e políticas elevadas. Esse pastiche superabundante da linguagem do século XVI desencoraja um pouco a leitura, é verdade; ainda assim, renunciar a levá-lo em consideração é recusar-se a ouvir uma parte do que o escritor quer nos dizer.

Tais são alguns dos paradoxos que a leitura de Balzac nos obriga a enfrentar. O epicentro dessa inverossímil energia criadora se situa além deles. Para captar a singularidade de Balzac é preciso transcendê-los. O homem Balzac, a sua obra e a dinâmica profunda entre ambos comportam os três termos da dialética hegeliana.

No século de Napoleão, cuja vida ultrapassou a sua em um ano, Balzac foi um daqueles criadores cuja ambição foi imensa em todos os domínios. Balzac queria tudo. Sonhou não apenas com o sucesso literário, mas com uma carreira política da qual a literatura seria uma via de acesso. Ambicionou reinar na imprensa que, aliás, detestava. Esperou triunfos teatrais que jamais vieram. Quis o dinheiro, o luxo, os banquetes, as mulheres – de preferência com títulos de nobreza. Quis a Academia, que lhe fechou a cara.

A sua obra guarda a marca desse frenesi de ambições freqüentemente contraditórias. Aspira ao respeito dos intelectuais, invectiva contra os críticos que não o compreendem, mas cobiça também a adesão popular. Cita Cuvier ou Geoffroy Saint-Hilaire com um toque de pedantismo, mas deseja ter grandes tiragens na imprensa de folhetins. Aposta nos personagens atraentes, nas intrigas bem construídas, no drama eficaz que prende o leitor; mas também quer pensar a economia, a política, o direito. Moraliza o seu tempo. Zombava-se, na época, desse romancista que denuncia a má gestão das finanças públicas enquanto os oficiais de justiça batem à sua porta. A sua presunção é flagrante. Acredita fazer o evangelho do século escrevendo *O cura da aldeia*. Está em busca de uma escrita que abarque tudo, o charme das paisagens e os mecanismos da indústria papeleira, as verdades eternas e a qualidade das cortinas.

Pretende-se filósofo. Perde-se um pouco. As suas máximas são às vezes estranhas, e os seus raciocínios, intrigantes. O seu espiritualismo é nebuloso. Pensa ao correr da pena. Nem se apercebe que diz tudo e o contrário. Levado pelo impulso, professa, em *O contrato de casamento*, opiniões sobre as mulheres que hoje provocariam cortejos de protestos feministas. Mas qual romancista compreendeu melhor a condição feminina do que o de *Memórias de duas jovens esposas*?

Não tinha tempo para pensar. Escrevia, apressado pela necessidade de dinheiro, pelos prazos, pelos jornais, pela impaciência dos tipógrafos. Cerca de cem romances, 2.500

personagens. E isso apenas em *A comédia humana*. Acrescentemos a correspondência e o que se costuma chamar de "obras diversas" – artigos, panfletos, obras de juventude – e, praticamente, dobra-se a quantidade. E Balzac encontrava tempo para viajar, para mudar-se e fugir dos seus credores, colecionar aventuras: a sra. Hanska foi certamente a mulher da sua vida, mas ela estava do outro lado da Europa... Escrevia-lhe cartas de estudante apaixonado, antes de levar para a sua cama uma amante chamada Breugniot, que era a sua criada.

Morreu aos 51 anos, e podemos dizer que foi de esgotamento. Acabava de alcançar o seu sonho: viver em um palacete, circular numa caleche, tendo ao seu lado uma autêntica aristocrata polonesa. Havia decorado a casa da Rue Fortunée com móveis antigos comprados em antiquários. Ela deu gritos ao descobrir todas essas velharias das quais ele era tão ingenuamente orgulhoso. Esse pintor de costumes dono de uma lucidez sem igual tinha sonhos de arrivista. Esse poeta é um empreendedor. Esse falso nobre é um cavaleiro da indústria. O autor de *César Birotteau* é um homem falido. Balzac, enfim, é um personagem de Balzac.

Oscar Wilde estimava que é a vida que imita a arte, e não o inverso. Pensamento profundo. Vemos apenas aquilo que os artistas nos ensinam a ver, e, sobretudo, resta de um mundo apenas aquilo que mostraram. Flandres do século XVI será sempre Bruegel. A sociedade da Restauração e do reinado de Louis-Philippe não é outra coisa para nós além do que Balzac mostrou. E isto nada mais é que um paradoxo! A um admirador que se extasiava com a observação minuciosa dos fatos sociais, respondeu, rindo, que não observava nada, que não tinha tempo, que passava a vida trancado, escrevendo. Estava convencido de que possuía um dom de intuição imediata que lhe revelava o segredo dos seres e das coisas. Provavelmente não é mentira. No tempo de uma existência breve e repleta até as bordas, Balzac viu tudo muito rápido. Conheceu menos a sociedade do que a sonhou. Mas o seu sonho era exato.

O filho do sr. Balssa

Tours, às margens do rio Loire, representa, sem dúvida, a França mais típica que se possa imaginar. Uma catedral, uma ponte, velhas casas feitas de pedras brancas, aquele tufo leve facilmente esculpido e de rápida erosão; ruas antigas onde se vêem ainda construções de estilo enxaimel dos tempos medievais. Entre as celebridades da cidade, o seu terceiro bispo, o famoso São Martim, que cortou o seu casaco em dois, e também o primeiro historiador da França, Grégoire, de Tours, autor de *Historia francorum*.

Nos arredores, nas encostas que margeiam o Loire, cultivam-se videiras. Ao longo desse rio majestoso e de aparência tranqüila, mas, na realidade, caprichoso e perigoso, no qual a navegação comercial é, no entanto, próspera até o final do século XX, os reis capetianos haviam construído suas residências, em Blois, Chambord e em outros lugares. Louis XI, por sua vez, apreciava as temporadas em Plessis, muito próximo de Tours, onde começa o célebre romance de Walter Scott, *Quentin Durward*. Rabelais, Ronsard, Du Bellay, os grandes escritores que ao longo do século XVI "defendem e ilustram" a língua francesa, nasceram nesse vale do Loire onde François I, o monarca que impôs o francês real como língua oficial, criou o depósito legal, a Imprensa Nacional e o Collège de France, adorava ir caçar e reencontrar os "seus" burgueses, os "seus" lojistas, os "seus" artesãos, o "seu" povo.

Balzac nasceu em Tours, em 20 de maio de 1799. Nasceu provinciano da Touraine, e esse dado é essencial. Toda a sua obra traz as imagens da província francesa e dessa Touraine à qual voltará freqüentemente e onde situa diversos romances: *O cura de Tours, O ilustre Gaudissart, O romeiral, A mulher de trinta anos, O lírio do vale*. Apreciará descrever as paisagens, o reflexo do rio, a bruma nas encostas, as florestas, os bosquetes tranqüilos. Se quisermos continuar, como ele mesmo fez, a descer o rio, chegamos a Saumur, outro lugar monárquico, onde se desenrola *Eugénie Grandet*. A seguir, as regiões dos *chouans*, os partidários da realeza durante a Revolução Francesa, e, para terminar, a península de Guérande, onde ocorre o impiedoso *huis clos* amoroso de *Béatrix*.

Apesar dessa forte impregnação, as suas origens familiares não são de Tours. O seu pai, Bernard-François, nasceu no departamento do Tarn em 1746. É filho de um camponês que não se chamava "de Balzac", mas Balssa. Voltaremos a isso. Talentoso nos estudos, formado em direito, esse provinciano corajoso e capaz foi, antes da Revolução Francesa, à capital em busca de fortuna. Teve êxito graças aos seus méritos. Foi escrevente de tabelião, profissão à qual destinará o seu filho; a seguir, secretário de um membro do Conselho de Estado do rei. Hábil, prudente para encontrar protetores, atravessa sem grandes incidentes os tempos turbulentos da Revolução Francesa. Será secretário de um ministro da Marinha e depois se encaminhará para o fornecimento de mantimentos às forças armadas.

É no âmbito dessas funções que se instalou em Tours, onde foi nomeado diretor dos mantimentos da 22ª divisão militar. Quando os "Azuis" partem para oeste a fim de liquidar o que resta do monarquismo ativista, é o senhor Balssa (Balzac) que cuida do aprovisionamento dos soldados em trigo e em vinho. Pouco mais tarde, reputado por suas sólidas qualidades de administrador e organizador, exercerá a direção do Hospital Geral do município, antes de tornar-se vereador.

Aos 52 anos, escolheu como esposa Anne-Charlotte-Laure Sallambier, filha de um diretor da administração dos Hospícios, em Paris; uma moça de 19 anos, educada em uma burguesia modesta e sólida. Logo depois do casamento, celebrado em 1797, eles se estabeleceram em Tours.

O primeiro filho, Louis-Daniel, nascido em 1798, morreu com 33 dias. Honoré lhe sucedeu no ano seguinte; terá duas irmãs, Laure, nascida em 29 de setembro de 1800, e Laurence, nascida em 18 de abril de 1802.

A morte do pequeno Louis-Daniel parece ter sido provocada por um problema de amamentação. Foi por isso que Honoré, assim como a sua irmã Laure, passam os seus primeiros anos com uma ama-de-leite, no campo. Seria essa a única razão do afastamento? Não se tem certeza. O casal Balzac não parece muito inclinado a se ocupar dos filhos no dia-a-dia. Em todo caso, resulta daí uma tenra cumplicidade, que nunca se desmentirá, entre o irmão e a irmã, ambos isolados numa família emprestada e interessada sobretudo nos ganhos. Honoré permanecerá convencido, durante sua adolescência e juventude, de que o único ser nesse mundo que o ama e o compreende é essa irmã, com quem dividiu as brincadeiras e os machucados de menino. Ela nunca cessará de defendê-lo; confiarão um ao outro os seus segredos. Em uma das suas primeiras tentativas romanescas, *Sténie*, ele abordará o carinho ambíguo entre um irmão e uma irmã "de leite", a ponto de o menino sentir um ciúme violento quando ela se casa.

Em 1856, Laure Balzac, então sra. Laure Surville pelo casamento, publicou as suas recordações sobre o irmão. São interessantes, ainda que a piedade familiar e fraterna a tenham levado a encobrir alguns aspectos da vida dele, sobretudo em matéria amorosa. Mas o retrato que ela faz do pai não deixa dúvida de que o caráter e as inclinações do romancista devem muito a Bernard-François Balzac.

O pai de Balzac tem uma personalidade forte. Esse homem bolachudo, de expressão serena e tranqüilizadora, é um funcionário público capaz e bem-sucedido. É, ainda por cima, um homem curioso sobre tudo, que gosta de se instruir e discursar, e cujo percurso profissional contribui para uma experiência suficientemente longa da vida e da sociedade. É um grande leitor de Montaigne, de Rabelais. Como muitos homens da sua condição e da sua geração, é um voltairiano. Entretanto, evoluirá depois da Restauração de 1815, quando os interesses da sua carreira o incitarão a se mostrar um bom católico... Encontramos, em diversos personagens de Balzac, esse ceticismo político prudente, conseqüência inevitável da sucessão precipitada dos regimes.

O sr. Balzac é também um original, um "pensador". Professa teorias que considera infalíveis sobre a arte e a maneira de chegar à velhice. É a sua idéia fixa. Com mais de setenta anos, não deixa de se vangloriar aos filhos de tirar umas lasquinhas das criadas, no campo, em Villeparsis. Funcionário competente e aplicado, publicou diversas brochuras de utilidade pública, em particular uma tal *História da raiva* e dos meios para remediá-la. Preocupou-se também com a reinserção social dos homens condenados a uma pena de prisão, preconizando a criação de ateliês especiais em que pudessem trabalhar e atender às próprias necessidades.

Sonhando em garantir a fortuna familiar, lançou-se na singular aventura da "tontina Lafarge". Tratava-se de um sistema de seguro de vida vitalício, no qual era prometido aos assegurados que vivessem mais tempo recuperar, sob forma de pensão, o que tivessem depositado os contribuintes de menos sorte.... O sistema ideal para um homem que tinha certeza de que se tornaria centenário. Diga o que disser Laure Surville, o sr. Balzac, que faleceu em 1829, aos 83 anos, parece ter deixado nesse negócio mais dinheiro do que jamais ganhou.

O seu interesse pelo patrimônio público e pelas questões sociais, a sua rica memória, os seus caprichos, a sua propensão a teorizar com certa ingenuidade são traços que encontramos no seu filho. Não "explicam" o romancista, mas caracterizam o homem, as suas reflexões, o olhar que lançou sobre as coisas que o cercam.

O seu verdadeiro nome, conforme dissemos, era Balssa, mas achou mais elegante o nome de uma cidadezinha de sua região, Balzac, ao qual, depois da Revolução Francesa, acrescentou discretamente uma partícula. O seu filho não deixará de utilizá-la orgulhosamente em dedicatórias de livros, fingindo até mesmo ser aparentado a uma família (em realidade extinta), os Balzac de Entragues. Ninguém, aliás, nos salões parisienses, se deixou enganar pela "nobreza" de Honoré de Balzac.

Essa passagem de Balssa a Balzac, e depois a "de" Balzac, esteve na moda. Leiamos as primeiras páginas de *Eugénie Grandet*: "Desde a sua nominação à presidência do tribunal de primeira instância de Saumur, esse jovem acrescentara Bonfons ao lado do nome Cruchot, e esforçava-se para que Bonfons prevalecesse sobre Cruchot. Assinava então C. de Bonfons. O pleiteante, pouco hábil, a ponto de chamá-lo de sr. Cruchot, logo na audiência deu-se conta da sua estupidez". É assim: aqueles franceses tão orgulhosos de terem feito a Revolução sonham obstinadamente em tornarem-se nobres. Afinal, não deixa de ser uma maneira de reivindicar a igualdade de direitos...

Laure Surville, nessas mesmas recordações, mostra-se um pouco mais evasiva a respeito da sra. Balzac. Essa moça charmosa e coquete, que provavelmente encantou vivamente o coração do qüinquagenário Bernard-François, não parece ter aceitado de bom grado o papel de mãe. Honoré e as suas irmãs, na maior parte do tempo, desconheciam as alegrias simples do lar familiar. Mesmo tendo voltado da ama-de-leite, vivem com pais que estavam muito mais preocupados com a sua vida mundana e profissional (isso se confirma) do que com a proximidade com os filhos. A sra. (de) Balzac mostra-se exigente e severa com as suas crianças; os seus ataques de bom humor e carinho são tão imprevistos quanto aguaceiros, e se interrompem como esses.

Há coisas mais graves. Em 1807 – Honoré tem oito anos – ocorre um fato que marcará profundamente a sua vida. É mandado como interno ao colégio dos Oratoriens de Vendôme, onde ficará até 1813. No mesmo ano, sua mãe dá à luz o pequeno Henri. Eis aí um segredo de família que mais tarde deixará de sê-lo, mas que a criança já adivinhou ou desconfiou. Henri não é filho de Bernard-François Balzac, mas de um amigo do casal, um castelão das redondezas que se chama sr. de Margonne.

O próprio Bernard-François Balzac não alimenta, aparentemente, qualquer a ilusão sobre isso. Mas, fatalista, sustenta a farsa.

Honoré de Balzac freqüentaria, mais tarde, a casa dos Margonne. Ainda se pode ver, no seu castelo de Saché, uma bela construção imponente e rústica, o quarto monacal onde o escritor, longe do barulho de Paris e dos seus credores, face à serenidade tranqüila dos horizontes da Touraine, podia dedicar horas calmas à sua obra.

Mas, por enquanto, o jovem Honoré sabe perfeitamente que, ao passo que ele se aborrece entre os muros sinistros do colégio dos Oratoriens, sua mãe distribui atenções e carinhos a esse irmãozinho malvindo, que é e permanecerá, como que por acaso, o seu preferido. É preciso imaginar o que era, para o menino, entediar-se no pensionato, longe dos seus, longe das brincadeiras e do lar doce lar, longe daquela irmã ao lado da qual conheceu os únicos verdadeiros momentos de afeto da sua infância, pensando que, enquanto isso, o outro era rei... O amor materno fez uma falta terrível a Balzac, e é evidente que buscará de bom grado mulheres mais maduras, como a sra. de Berny, a sua primeira grande paixão, ou, um pouco mais tarde, a duquesa d'Abrantès. Aprendeu, às suas próprias custas, que não podia confiar naquela mãe que descreve como imprevisível, "massacrante durante cinco horas, e alegre e afável por um instante", inutilmente severa, fria e distante das suas irmãs e dele, face a um marido silencioso e aparentemente resignado.

Longe de suavizar-se com os anos, esse conflito permanecerá doloroso e perfeitamente explícito. Temos cartas de Balzac à sua mãe nas quais ele não se constrange em dizer o que pensa com termos de uma brutalidade incrível: "Você será sempre como a galinha que chocou no galinheiro o ovo de um estranho volátil...". E ainda, aos 50 anos: "Deus e você sabem bem que você não me sufocou de carícias nem de afeto desde que vim ao mundo. E você fez bem, pois se tivesse me amado como amou Henri, eu estaria, sem dúvida, onde ele está e, nesse sentido, você foi uma boa mãe para mim". Ironia severa: Henri de Balzac não fez grande coisa da sua existência. Depois de périplos longínquos nos quais se pressupunha que conquistaria fortunas, voltou à França, com uma mão na frente e a outra atrás, acompanhado pela viúva com quem se casou nas Ilhas Maurício e o filho dela. E foi a Honoré que a sra. Balzac mãe pediu dinheiro para ajudá-lo.

As cartas à sra. Hanska também são testemunho dessa ferida. "Nunca tive mãe... Eu nunca revelei a você essa chaga; ela era por demais horrível, e é preciso vê-la para acreditar." Essa infância frustrada e as infinitas questões que ela alimenta o romancista as empresta a Félix de Vendenesse, herói de *O lírio do vale*: "Que vaidade podia eu ferir, eu, o recém-nascido? Que desgraça física ou moral me valeria a frieza da minha mãe? Será que eu era filho do dever, aquele cujo nascimento é fortuito, ou aquele cuja vida é uma reprovação?" *O lírio do vale* é precisamente um romance em que aquilo que é, de início, um vivo desejo amoroso se transforma em uma relação quase maternal entre o jovem Félix e a sra. de Mortsauf. Temos a sensação de que todo um devaneio afetivo e erótico de Balzac hesita entre a figura materna e a figura feminina. Encontraremos também, em *Um aconchego de solteirão*, o personagem da mãe impiedosa com o filho "bom" e que tem todas as indulgências para com o mau.

O colégio dos Oratoriens de Vendôme é outra experiência marcante da infância do romancista. O local ainda existe, é hoje o liceu Ronsard, e, certamente, o ambiente que reina ali nada mais tem a ver com o de quase dois séculos atrás. Em *Louis Lambert*, Balzac utilizou suas recordações para fazer uma evocação bastante precisa do local. Em primeiro lugar, ao transpor o portão de entrada dessas severas construções conventuais, fica-se por um longo tempo: não há férias, as visitas são raramente autorizadas, os passeios rigorosamente delimitados. A disciplina é rude: "A clássica palmatória em couro desempenhava com honra o seu terrível papel. As punições outrora inventadas pela Companhia de Jesus e que tinham um caráter assustador tanto moral quanto fisicamente continuaram fazendo parte do antigo programa. As cartas aos pais eram obrigatórias em certos dias, bem como a confissão. Assim, os nossos pecados e os nossos sentimentos eram rigorosamente fiscalizados".

O aluno Balzac é descrito ali como "uma criança gorda, bochechuda e de rosto vermelho; no inverno, coberto de frieiras nas mãos e nos pés, taciturno e do qual nada se consegue arrancar...". Mais indulgente, um outro pedagogo diz: "de caráter lento, mas de boa conduta e índole feliz". O conjunto causa uma certa pena.

Um episódio célebre de *Louis Lambert* é o do *Tratado da vontade*, escrito em segredo pelo herói e que, depois de uma denúncia, é impiedosamente confiscado pelo regente. Laure Surville afirma que tal desventura ocorreu tal e qual com o seu irmão. As sinistras escolas-prisões têm ao menos uma virtude: fazer borbulhar as imaginações e os desejos de jovens gênios incompreendidos e cativos...

O certo é que Honoré travou, no colégio de Vendôme, o duro aprendizado das relações sociais, num meio em que o confinamento e a disciplina geram as agressividades, as zombarias, as violências implacáveis entre crianças.

Também é incontestável que os seus resultados escolares não são notáveis. O menino Balzac empalidece, isola-se. Está infeliz. Em 1813, chega a tal ponto que deve ser retirado da escola com urgência: ele fecha-se no silêncio. Hoje se diria que está deprimido.

Não é apenas por causa do seu estado psicológico que Balzac foi retirado da escola de Vendôme. Em 1813, ocorre uma mudança de cenário: Bernard-François Balzac é transferido para Paris, ainda como diretor de mantimentos das forças armadas.

A família se instala então na capital, no número 122, Rue du Temple. Para Honoré, as provações ainda não terminaram: depois de ter repetido o equivalente à 8ª série do ensino fundamental, continua como interno, primeiro na pensão Lepître, depois na instituição Ganser. Conclui sem proezas os estudos secundários no liceu Charlemagne e, em 1816, começa a estudar Direito.

No ano seguinte, começa a trabalhar, na qualidade de escrevente de procurador, para Guyonnet-Merville, no número 42 Rue Coquillière. Alguns meses depois, torna-se escrevente de tabelião. Essa orientação, que não o entusiasmava nem um pouco, se revelará mais tarde preciosa por tudo que fez o futuro romancista descobrir e compreender. Derville, o tabelião que aparece inúmeras vezes em *A comédia humana*, parece ter sido inspirado pelo primeiro empregador de Balzac.

Por enquanto, devemos imaginar um adolescente de quinze ou dezesseis anos que descobre Paris, depois dos anos de isolamento nos Oratoriens. É todo um mundo novo, para o qual ele olha assombrado e curioso.

As ruas do Marais estão, nessa época, longe de serem as de um bairro da moda e altamente cobiçado em que hoje se transformaram. Um pouco mais tarde, quando o jovem Victor Hugo buscar um alojamento módico para ele e sua família, escolherá uma casa na Place des Vosges... Esse hoje renovado e prestigiado bairro, que se desenvolveu no início do século XVII, é então o bairro dos lojistas, dos artesãos, dos funcionários públicos, dos que vivem com pequenas rendas. Estudante e depois escrevente de procurador, o jovem Balzac saltita por essa grande cidade de ruas estreitas, barulhentas, bastante sujas, da qual descobre, no escritório do seu patrão, as pequenas questões de casamento e herança, os conflitos comerciais, as comédias e os desastres.

A Paris do início do século XIX oferece uma fisionomia bastante diferente da que conhecemos e que é, para muitos, o legado de Haussmann.

A não ser pela Notre-Dame e a parte mais antiga do Louvre, mais ou menos cercadas de casebres, assim como o Panthéon (que a Restauração chama novamente de igreja Sainte-Geneviève) e os Invalides, construídos no reinado de Louis XV, nenhum dos pontos de referência que estruturam a Paris de hoje está presente. A cidade se estabelece entre os grandes bulevares do norte e, ao sul, na margem esquerda do Sena, os traçados dos atuais Boulevard de l'Hôpital, Saint-Marcel e de Montparnasse até os Invalides. Fora desses limites já estão os *faubourgs*, a periferia. Há terrenos baldios no que se chama a planície de Grenelle, Vaugirard é um vilarejo, vêem-se hortas no atual 11º distrito. As grandes artérias como o Boulevard Saint-Michel ou Sébastopol não existem. O centro de Paris é um entrelaçamento de ruelas estreitas, freqüentemente insalubres, das quais Restif de la Bretonne e Louis-Sébastien Mercier, antes e durante a Revolução Francesa, nos deixaram quadros surpreendentes.

Um elefante reina no meio da Place de la Bastille, maquete de gesso e ferro de um monumento projetado durante o Império. Hugo situará nas entranhas desse elefante um episódio célebre de *Os miseráveis.*

A cidade possui mais água limpa desde que Napoleão abriu o canal da Ourcq para revitalizá-la. O cunhado de Balzac, Surville, marido de Laure, que é engenheiro, participa de sua manutenção. Como todos os grandes soberanos, Napoleão havia sonhado em transformar Paris e ordenou obras de embelezamento das quais restam projetos, titânicos aliás, que não teve tempo de levar a cabo, o que talvez seja bom. O imperador deixará em Paris apenas algumas pontes marcadas por um N. O Arco do Triunfo está sendo construído e não é a monarquia restaurada que vai se apressar para impulsionar os trabalhos...

A Concorde, já ornada de prédios grandiosos de Gabriele, que datam de Louis XV, é um terreno baldio. Murmura-se que os animais de tração bufam ao passar pelo local da guilhotina de tanto que a terra, naquele lugar, impregnou-se de sangue. A Champs-Elysées é um passeio arborizado onde se vai durante o dia tomar ar fresco e assistir a números de saltimbancos, mas que é evitada à noite: o lugar não é muito seguro, e a prostituição impera. A atual Avenue Montaigne chama-se então “o caminho das viúvas”, o que diz muita coisa.

Em 1815, é nessa mesma área que os cossacos russos estabelecem os seus quartéis, o que marcará por muito tempo a memória dos parisienses.

É que a história está em ebulição. Certamente não se ouvia no colégio dos Oratoriens o deslocamento dos exércitos e o estrondo dos boletins de vitória. Nessa época, Honoré tudo assiste dos camarotes. Não resta dúvida de que a família preocupa-se com os acontecimentos políticos: a situação do sr. Balzac lhe impõe que seja bem visto pelo poder, esteja este nas mãos de quem estiver. A desastrosa e terrível expedição a Moscou marcou, no Império, o início do fim. Depois de anos de uma guerra atroz, impiedosa, ainda a Espanha escapou do domínio da águia. Os ingleses se estabeleceram em Portugal. Em 1813, a coalizão formada por Prússia, Rússia, Alemanha, Inglaterra e Áustria inflige ao imperador uma derrota em Leipzig. Então é possível vencê-lo?! No ano seguinte, face aos adversários decididos a acabar com ele, as forças francesas lutam no seu próprio território. Champaubert, Montmirail, Château-Thierry... Os amadores de estratégias militares afirmam que o gênio do pequeno tenente corso nunca foi tão brilhante. Talvez, mas morre-se por nada, e de agora em diante os franceses o sabem. Ainda mais as francesas, a quem o Ogro tomou os irmãos, os maridos e, agora, os filhos.

Em 31 de março, os Aliados estão na capital. Napoleão abdica em 6 de abril. Louis XVIII, que aguardava os acontecimentos na Bélgica, volta a Paris.

Menos de um ano depois, enganando a segurança dos navios e os espiões, o Ogro consegue deixar a ilha de Elba. Desde a sua chegada no continente, é saudado pelo mesmo povo que o vaiava alguns meses antes. As coligações se multiplicam. O marechal Ney, que enquanto isso havia se aliado à monarquia, volta atrás e se joga aos pés do Imperador. O rei Louis XVIII foge. Napoleão retoma as rédeas. Tentativa vã: cem dias depois, em Waterloo, o Imperador é esmagado. Esse último retorno custaria ainda alguns milhares de vidas humanas à Europa...

Dessa vez, trata-se de colocar a França em ordem. Pensa-se até em dividi-la em duas, criando um reino distinto no Sul, que teria Toulouse por capital. O duque de Angoulême, sobrinho do rei, ocuparia o trono.

Os Aliados tomam novamente Paris. É difícil imaginar o trauma que isso significa para os franceses. Desde sempre a cidade venera Santa Genoveva, que dizem ter desviado as tropas de Átila da capital com as suas preces. Homem algum se lembra de Paris tomada jamais! Um pouco mais tarde, sob Louis-Philippe, se buscará dotar a cidade de novas defesas: aquelas famosas fortificações, os *fortifs*, que cederão o espaço necessário, depois de 1960, à construção da perimetral.

Esse é o ambiente no qual se desenrola a adolescência de Honoré de Balzac. O império desmoronado deixa uma França militarmente vencida, profundamente dividida depois de 25 anos de perturbações. Mais de um milhão de franceses morreram em vinte anos nos campos de batalha. Vive-se em meio a uma guerra civil. Os acertos de contas, as delações, os processos sumários se multiplicam. Dumas situará nesses momentos de distúrbio o seu grande romance, *O conde de Montecristo*.

São os tempos do Terror Branco, que foi, aliás, menos sistemático do que se costuma afirmar: o velho Louis XVIII, depois de ter passado boa parte de sua vida no exílio (exílio esse que não foi, de modo algum, sempre dourado), aspira à tranqüilidade e esforça-se, com relativo sucesso, para refrear o espírito revanchista de uma pequena parte do seu entorno, a começar pelo seu irmão, o conde de Artois, que reinará um pouco mais tarde, com o nome de Charles X. Diz-se que Louis XVIII era egoísta, medíocre, prudente até a covardia: o que é, sem dúvida, verdade, mas é graças a esses defeitos que ele presta serviços à França, que, então, precisa de tudo, menos de um provocador. Será o primeiro a conseguir fazer funcionar nesse país um regime de tipo burguês e parlamentar. Esse que os franceses chamam de "porcão" traz, ao menos, a paz.

Ao longo desses vinte anos, aconteceram muitas coisas que seriam impensáveis durante a velha monarquia. Filhos de artesãos tornaram-se marechais do Império e têm títulos pretensiosos, os de uma nova e falsa nobreza, recuperada em toda a Europa: duque de Elchingen, duque de Otrante ou príncipe de Moskowa! Camponeses fizeram fortuna; burgueses desconhecidos, vindos das províncias, votaram a morte do descendente de São Luís. Todos aqueles que tinham boas razões para temer uma Restauração foram os sustentáculos mais zelosos da ditadura imperial. Durante mais de quinze anos, os produtos franceses tiveram mercado em toda a Europa. Os fornecedores dos exércitos ganharam milhões. A velha nobreza, na maioria dos casos, está arruinada.

Se Napoleão soube organizar a França depois do período revolucionário e dar-lhe uma estrutura administrativa e legislativa da qual diversos aspectos ainda permanecem em vigor, ele deixa para trás uma França demográfica e politicamente fraca, que irá semear as futuras paixões nacionalistas. O triste sr. de Metternich, o cínico sr. de Talleyrand é que vão assegurar à Europa quase meio século de paz. Mas a preferência popular é injusta: Napoleão permanece o ídolo do povo francês, especialmente entre a geração mais jovem.

O menino solitário e mal-amado de Vendôme também estremece ao lembrar da epopéia imperial e sonha em obter a glória, agora impossível de ser obtida pela espada, forjando um mundo pelo pensamento e pela imaginação. Dessa aspiração, que lhe veio cedo, temos o testemunho: "Nada, nada além do amor e da glória pode preencher o lugar vasto que o meu coração oferece", escreve à sua irmã em 1819. Treze anos mais tarde, jovem romancista já tocado pelo sucesso, confiará à sua amiga Zulma Carraud: "Há vocações às quais é preciso obedecer, e algo de irresistível me leva à glória e ao poder".

Essa aspiração é a mesma compartilhada com os heróis dos seus livros, tenham eles o nome de Louis Lambert, Raphaël de Valentin, Lucien de Rubempré, Eugène de Rastignac ou tantos outros.

Ora, apesar do enorme transtorno social que permite que tais ambições nasçam e se mostrem, transtorno esse ocorrido com a rapidez de um meteoro (a monarquia capetiana havia durado sete séculos!), a arte e a literatura ainda não sofrem verdadeiramente as conseqüências e tampouco haviam expressado a sua força. Isso será incubado durante alguns anos, ao longo da santificada e muito católica monarquia de Louis XVIII e de Charles X, nos cérebros de jovens ainda bastante desconhecidos chamados Hugo, Delacroix, Géricault, Berlioz, Dumas, Vigny, Musset. E Balzac.

Um autor verde

A Rue de Lesdiguières é uma estreita ruela da velha Paris que atravessa a Rue Saint-Antoine, perto da Bastilha. Desce rumo ao Sena, na direção do que hoje é uma caserna da guarda republicana; depois disso, chega-se à biblioteca do Arsenal.

É ali, no número 9, em outubro de 1819, no retorno das férias passadas em L'Isle-Adam, na Touraine, na casa de um amigo da família, que Balzac se instala sozinho, em uma mansarda.

Bacharel em Direito desde o início do ano, o rapaz que os pais desejavam orientar para a carreira de tabelionato deu a conhecer as suas intenções: destinar-se-ia à literatura.

A crer em Laure Surville – e mais uma vez não é preciso muito esforço para isso –, o anúncio dessa vocação causou um choque na família. Além do fato de mostrar-se um leitor voraz, o rapaz jamais dera provas de um pendor especial para as letras. E, depois, todos sabem que isso não é "uma profissão". Entretanto, diante da extrema determinação do seu filho, Bernard-François Balzac cede, porque tem temperamento bastante indulgente e talvez também porque tem curiosidade de ver no que aquilo vai dar. Mas ele expõe as suas condições: Honoré terá dois anos, e nada mais, para obter um resultado convincente.

A senhora Balzac encarrega-se das providências concretas. Honoré deseja viver sozinho, a fim de não ser incomodado nos seus trabalhos. É ela quem escolhe o seu novo domicílio e, ainda, oferece ao seu filho um orçamento dos mais apertados: espera que condições de vida tão austeras vençam a fantasia.

Há outra razão para uma parcimônia tão marcada. O sr. Balzac acaba de se aposentar, o que não o agrada nem um pouco. Isso quer dizer que as rendas do lar vão diminuir. Trata-se, então, de reduzir os gastos, e, com esse objetivo, foi decidido que a família se instalaria em Villeparisis, no sudeste da capital, em uma casa alugada.

É assim que Honoré se encontra, sozinho em Paris, no seu quartinho da Rue de Lesdiguières.

Essa imagem do rapaz pobre que, na solidão de uma mansarda, concebe obras geniais ou se prepara para descobertas científicas revolucionárias, que sonha com a glória e o amor mal podendo prover-se de papel ou de vela, é um dos clichês do romantismo. O protótipo foi fornecido por um poeta, Nicolas Gilbert, morto aos trinta anos na miséria, em 1780. Alguns dos seus versos ficaram famosos:

> No banquete da vida, desafortunado conviva,
> Apareci um dia, e morro.
> Morro, e sobre a minha tumba à qual lentamente chego,
> Ninguém derramará lágrimas.

Vigny se inspiraria nesses versos para compor *Stello*. Mas essa imagem, senão do poeta maldito pelo menos do rapaz pobre e talentoso cujos méritos são ignorados pela sociedade, vem, em grande parte, dos romances de Balzac; e os seus romances mostram-na porque esta imagem marcou toda a sua vida.

Da mesma forma que *Louis Lambert* reúne as suas lembranças do colégio de Vendôme, *A pele de onagro,* escrita no mesmo período, evoca os tempos da Rue de Lesdiguières. Órfão e arruinado, Raphaël de Valentin conta apenas com o seu gênio filosófico para obter um lugar e um nome na sociedade dos homens. O bairro onde se instalou não é o mesmo, mas a descrição do seu alojamento é a do primeiro quarto de Balzac: "Nada era mais horrível que aquela mansarda com as paredes amarelas e sujas, que cheiravam a miséria... O teto inclinava-se regularmente e as telhas desencaixadas deixavam entrever o céu...". Não se sabe se chovia realmente no cubículo de Honoré, mas é certo que ele enfrentou condições de vida bastante rudes. Uma mesa, uma cadeira, uma cama estreita, alguns objetos de uso diário, recursos financeiros reduzidos ao estrito necessário: eis com o que deverá se contentar; afinal, foi ele quem quis.

Esse Balzac de vinte anos é um rapaz gordo, um pouco atarracado, com cabelos espessos e pretos e belos olhos negros cheios de, digamos assim, ardor. O menino introvertido de Vendôme tornou-se um jovem tímido, pelo menos se dermos crédito a Laure. Ela relata que durante um baile ao qual foram convidados, Honoré quis dançar, mas caiu, fazendo um papel ridículo. Não é preciso caricaturá-lo em nada, mas é bem provável que seja mais para feio e que não tenha uma imensa confiança em si, mesmo estando convencido, é claro (as duas coisas andam juntas), de que no fundo é um homem superior. Escutemos o seu herói Raphaël evocar as suas ambições e aspirações juvenis: "Quis me vingar da sociedade, quis possuir a alma de todas as mulheres submetendo a mim todas as inteligências e quis ver todos os olhares fixados em mim quando o meu nome fosse pronunciado por um criado à porta de um salão... Desde a minha infância, eu estalava os dedos dizendo-me, como André Chénier: há alguma coisa ali!". A imagem da entrada num salão é altamente simbólica: na Paris romântica, é ainda o emblema do sucesso, o equivalente ao que é hoje o acesso a um estúdio de televisão. É exatamente o mesmo Balzac que se esforçará para fascinar Paris com o nome acrescentado de uma partícula, a bengala com o suporte da mão cravejado de turquesas e os ternos extravagantes.

"Há alguma coisa ali...". Falta demonstrá-lo. É fascinante imaginar a primeira manhã de Honoré na mansarda. Tudo começa. Certamente estabeleceu um programa e uma agenda. "Já de manhã eu ia buscar as minhas provisões para o dia; eu arrumava o meu quarto; era ao mesmo tempo mestre e serviçal, eu mendigava com um orgulho incrível", escreveu ainda.

Em que consistia o programa? Em primeiro lugar, ler. Já há muito tempo, devora o que lhe cai nas mãos. Ao longo das férias em L'Isle-Adam, no último verão, redigira *Notas filosóficas* e depois *Notas sobre a imortalidade da alma*, tiradas das suas leituras. Não longe da Rue de Lesdiguières, é-lhe permitido freqüentar a biblioteca do Arsenal. História, filosofia, literatura, ciências: quer conhecer tudo, refletir sobre tudo antes de acrescentar à biblioteca universal uma obra estrondosa que levará o seu nome.

"Dois anos", havia dito o seu pai. Ele não tem idéia de que quase dez anos passarão antes que comece a entrever o brilho do sucesso...

A cena literária da época é dominada por Chateaubriand. Esse fidalgo bretão que percorreu a América, conheceu o exílio e a miséria durante a Revolução Francesa e manteve com Napoleão relações de amor e ódio, visa, durante a monarquia restaurada, a uma carreira política – relações exteriores – que não lhe traz a glória esperada. Acha-se, aliás, bastante maltratado por Louis XVIII e seu entorno, justo ele, que dá um apoio fiel ao trono e ao altar. Mas o seu prestígio literário é imenso. *Atala*, *René*, *Os mártires* abriram um novo espaço à sensibilidade. Publicado em 1802, no momento em que o primeiro-cônsul deseja se aliar à França católica, *O gênio do cristianismo* conheceu um sucesso imenso. A Revolução Francesa subestimou a antigüidade, a força, as ramificações do espírito cristão no país. Apesar da agitação das Luzes e das medidas anti-religiosas da Constituinte e da Convenção, a grande massa dos franceses permanece católica. De repente, depois da Antigüidade romana que marca o clima da época imperial, a França de 1820, que se descobre uma velha terra cristã, começa a se interessar por sua Idade Média: deve-o, em parte, a Chateaubriand.

Entretanto, esse tradicionalista enxerga longe. Percorreu o mundo como poucos no seu tempo. É um dos primeiros grandes viajantes da literatura, e o gosto romântico pelo exotismo veio dele. O seu *Itinerário de Paris a Jerusalém* é repleto de odores da Grécia e do Oriente mediterrâneo. *O último Abencérage* (1826), que será seguido por *Os Natchez* e por *A viagem à América*, marcam a década. Chateaubriand codificou a sensibilidade da época.

As pessoas não apenas apreciam o exotismo e se interessam de uma nova maneira pela história, disciplina à qual as perturbações políticas deram um novo impulso; mas o gosto público é marcado por uma maior curiosidade pelas literaturas estrangeiras. Nos anos 1820, na França, lê-se apaixonadamente Lord Byron, Walter Scott, Fenimore Cooper, Hoffmann. A literatura alemã interessa particularmente desde que Madame de Staël publicou *Da Alemanha* (1808-1810).

Essas mudanças não são novas: a Itália do século XVI, a Espanha de Corneille, a Inglaterra de Voltaire fascinaram os franceses. Mas é inegável que a época romântica acentua esse movimento de abertura. Pela primeira vez a literatura e a arte tornam-se consciente e explicitamente européias. Querem conhecer e traduzir ou retraduzir tudo: Shakespeare, Goethe, Cervantes, Dante, Leopardi, Milton...

Esse movimento sofre, entretanto, resistência. Em 1822, um grupo britânico vem encenar Shakespeare em inglês em Paris. Isso provoca um escândalo. O *Constitutionnel* se indigna que proponham "produções estrangeiras" ao público francês. Esse jornal é, no entanto, de inspiração progressista; mas não se pode esquecer que o progressismo, nesses tempos, é de bom grado nacionalista. A Europa é a confederação das monarquias, a famosa "Santa Aliança". E não esqueçamos que a Inglaterra tratou injustamente o Imperador durante o seu cativeiro, que terminou em Santa Helena.

Essa reação virulenta é, no entanto, excepcional, e é indiscutivelmente a curiosidade que vence.

Ora, face às formas de inspiração e de sensibilidade que demonstram os grandes escritores dos outros países, a literatura francesa se sente atrasada. Eis um pensamento que jamais poderia passar pela cabeça de Racine ou Voltaire. Durante o último quarto de século, os franceses não tiveram muito tempo, isso é verdade, para cuidar da poesia. Há um descompasso real, e sentido como tal – esse será todo o propósito de Stendhal –, entre os hábitos literários herdados do Grande Século e um povo que acaba de inscrever na história universal uma epopéia imprevisível, sangrenta, grandiosa.

Não é preciso, para tanto, imaginar, como gostava de fazer acreditar a geração de 1830 – a de Hugo, de Vigny, de Dumas –, que a literatura permaneceu completamente imobilizada nas formas e na linguagem esclerosada herdadas do Antigo Regime. "Coloquei um gorro vermelho no velho dicionário", eis no que resulta boa parte da propaganda de Hugo. O autor das *Odes e baladas*, que aliás nessa época era monarquista, permanece bastante comportado. Na realidade, os autores que estão bem de vida em 1815 ou 1820 sentiram perfeitamente a necessidade de uma renovação estética. Ducis, desde o fim do século precedente, traduziu Shakespeare, de maneira insípida, é verdade, mas ainda assim era o mesmo que admitir e mostrar que existia outra coisa além do ideal raciniano. No teatro, Casimir Delavigne, Pixerécourt, Népomuscène Lemercier tentaram deixar de lado os eternos temas antigos, aclimatar novas fórmulas, dosagens inéditas entre o drama histórico e a tragédia. Eles, no entanto, não tiveram sucesso. O primeiro permanece rígido no academismo, o segundo triunfa num gênero dramático eficaz, mas literariamente medíocre. Percebe-se, em todo caso, que os cânones poéticos ditados no tempo de Boileau não são mais suficientes, não mais do que o ensino literário meticuloso e prudente de um La Harpe. A literatura aguarda um novo sopro.

Esse sopro se manifesta pouco a pouco. Em 1820, uma coletânea de poemas, *As meditações,* torna célebre o jovem Alphonse Lamartine. Classificado como romântico nos compêndios de História Literária, esse aristocrata provinciano o é pela sua temática – as confidências pessoais, o amor pela natureza, a aspiração a um infinito absoluto –, mas a sua forma poética permanece próxima do século XVIII, com as suas inversões sintáticas e os seus adjetivos assépticos. Dois anos mais tarde, aparecem os primeiros poemas de Vigny; o autor se esforça para expressar, através de uma forma rigorosa, épocas e climas diferentes. Dará a público, em 1826, com *Cinco de março,* o primeiro romance histórico francês ou, em outras palavras, o primeiro romance que interroga a história por meio do conflito entre a independência feudal e a monarquia administrativa. Quanto a Stendhal, que publica o seu *Racine e Shakespeare* em 1823, passa praticamente desapercebido no momento.

Na segunda parte da década, os jovens inovadores se reúnem na casa de Nodier, no Arsenal. Charles Nodier, nascido em 1780, é uma figura pouco conhecida do grande público e que permanece em segundo plano na história literária, mas que foi essencial em sua época. Desempenha o papel de intermediário entre a literatura inglesa, a de Sterne, mas também a do *roman noir*, a alemã, de Goethe e de Hoffmann, e a jovem literatura francesa. A sua obra explora com elegância e malícia todas as vias do fantástico, do pitoresco e da fantasia. A sua erudição, a sua curiosidade, a sua liberdade de espírito são notáveis. É em torno dele que se encontram Victor Hugo, que, a patir de 1830, estenderá seu domínio sobre todo o movimento romântico; Dumas, que rabisca no secretariado do duque d'Orléans; e depois também Gautier, Vigny, Lamartine, Delacroix...

É preciso esperar a virada da década para que essas novas tendências e esses novos nomes possam emergir. Em três anos (1829-1831), embora uma nova revolução substitua a monarquia constitucional pela monarquia do direito divino, e o rei dos franceses pelo rei da França, essa jovem geração se impõe com uma série de sucessos: *Henri III e sua corte*, de Alexandre Dumas; *Hernani* e *O corcunda de Notre-Dame*, de Victor Hugo; *O vermelho e o negro*, de Stendhal; *Contos da Espanha e da Itália*, de Alfred de Musset. São obras que marcam o desabrochar de uma nova sensibilidade, de um imaginário moderno em que a diversidade dos tempos e dos lugares, a aliança do trágico e do humorístico, do sonho e da realidade, perturbam a ordem clássica. Ocorre a mesma renovação na música, com Berlioz e a sua *Sinfonia fantástica*; na pintura, o tom foi dado por Géricault, morto em 1824, autor do extraordinário *A balsa de Medusa*, e Delacroix, já célebre com *Dante e Virgílio nos infernos* e *Os massacres de Quios*.

Em 1829, Balzac, ainda um escritor desconhecido, publica a primeira obra assinada com o seu nome e que faz com que falem dele. Chama-se *A Bretanha em 1799*. Mas, nesse ínterim, a vida não fora fácil.

Voltemos à Rue de Lesdiguières no período entre 1819 e 1820. Balzac se pôs a trabalhar. Os seus dias passam entre leituras atentas. Quando, ao fim de muitas horas, sente-se com o cérebro fervendo, sai para passear no Boulevard Bourdon, ao longo do canal, ou então sobe o Boulevard Beaumarchais, atravessando os bairros populares, chegando à porta Saint-Martin e à região dos teatros, que será chamado de Boulevard do Crime, devido aos melodramas sangrentos que atraem o público. É nessa época que Balzac apaixona-se realmente por Paris, pelas suas casas velhas, pelas suas figuras, pelos seus letreiros. Ele evoca explicitamente esse período da sua vida no início de uma novela, *Facino Cane*, escrita em 1835:

> Tão malvestido quanto os operários, indiferente ao decoro, eu não fazia com que prestassem atenção em mim. Eu podia me misturar aos seus grupos, vê-los terminando as suas compras e brigando ao deixarem o trabalho. A minha observação já se tornara intuitiva, ela penetrava a minha alma sem negligenciar o corpo.

Ele surpreende conversas, adivinha conflitos, dramas ou alegrias humildes:

> Eu já sabia a utilidade que poderia ter esse *faubourg*, esse seminário de revoluções que encerra heróis, inventores, sábios práticos, patifes, celerados, virtudes e vícios, tudo isso comprimido pela miséria, sufocado pela necessidade, afogado no vinho, deteriorado por licores fortes. Os senhores não poderiam imaginar quantas aventuras perdidas, quantos dramas esquecidos nessa cidade de dores! Quantas coisas horríveis e belas! A imaginação não atingirá jamais o verdadeiro que se esconde e que ninguém pode descobrir. É preciso ir até o fundo para encontrar essas cenas admiráveis ou trágicas ou cômicas, obras-primas produzidas por acaso.

Eis o que absorve e capta o espírito do rapaz que acaba de embebedar-se de Spinoza ou Otway. Sem dúvida, ainda está longe de pressentir que inundará o romance com toda essa matéria humana borbulhante, repleta de contrastes, rica de mil potencialidades dramáticas. Antes dele, somente Nicolas Restif de la Bretonne – como Balzac, um louco da escrita – localizou essa jazida.

Balzac lançou-se então num drama histórico em versos, *Cromwell*, sobre o qual, durante meses, transpira sangue e suor. Depois disso, na primavera de 1820, oferece a leitura à sua família e a alguns amigos reunidos para a ocasião. É um erro comum aos iniciantes submeter os seus ensaios aos próximos, que, conhecendo-os bem demais, só podem ter um julgamento falseado, seja porque admiram uma obra medíocre por afeição ao seu autor, seja, ao contrário, porque não conseguem imaginar que um talento real ou um gênio possa ter surgido na sua casa. E, além do mais, simplesmente nada entendem de literatura. É preciso pedir a opinião a pessoas qualificadas e que nunca o viram!

Nessa ocasião, entretanto, o círculo íntimo não se engana: a obra é laboriosa, enfadonha, sem graça. Os seus alexandrinos não têm relevo, as réplicas são óbvias e pomposas. E a vida de Cromwell não será talvez um tema maldito? Hugo também tirará dela um drama fracassado, torrencial e difuso do qual nada mais se consegue ler além do prefácio.

Apesar de tudo, a coisa foi levada a sério. Para mais segurança, dirigem-se, por intermédio do engenheiro Surville, com quem Laure acaba de casar-se, a um senhor Andrieux, um velho e sábio professor, membro do Instituto. O seu veredicto caiu como uma guilhotina: "Esse rapaz deve fazer seja lá o que for, menos literatura!".

Honoré fica mortificado. Ele não o confessa, mas torna-se inseguro. Olham com um misto de afeição e pena para o jovem sonhador que se tomou por um gênio literário. Por outro lado, os seus meses de mansarda o deixaram lívido e emagrecido. A aventura termina: voltará a viver com sua família; ali pelo menos comerá corretamente...

No entanto, é conhecê-lo mal pensar que está definitivamente desencorajado. Nos dias que se segue, se restabelece: "As tragédias não são o meu forte, é só isso!", decreta. Compromete-se com outros projetos.

Durante esse período, a família de Balzac foi palco de episódios que são, por si só, altamente balzaquianos: os casamentos das suas duas irmãs. É em Villeparisis que Laure conheceu Eugène-Auguste-Louis Surville. Politécnico, engenheiro, que trabalha na conservação do canal da Ourcq. No ano seguinte, a segunda irmã, Laurence, casa-se com um rapaz que agradou bastante os seus pais – muito mais do que o honesto e tenro Surville – pela boa razão que se chama senhor de Saint-Pierre de Montzaigle. Da mesma forma que o senhor e a senhora (de) Balzac desdenharam Surville, encantaram-se com esse outro.

Enganam-se redondamente. Surville, que certamente não é nenhum príncipe encantado e nenhum aristocrata prestigioso, será um marido fiel e dedicado, assegurando à família a tranqüilidade burguesa que é, nessa época, tudo o que se espera de um "bom" casamento. Inversamente, Montzaigle vai se revelar um triste indivíduo: coberto de dívidas, o que ele absteve-se de falar à sua futura família antes do casamento, consumista, jogador, vai rapidamente abandonar Laurence, que, acometida de tuberculose, morre em 1825, aos 23 anos.

Produziu-se durante esse período, na família Balzac, um outro episódio singular. Um irmão de Bernard-François Balzac, chamado Louis, foi guilhotinado em Albi, acusado do assassinato de uma camponesa. Não parece que a sua culpa tenha sido absolutamente provada. O Balzac (Balssa) parisiense, que não tem mais relações com a sua família, certamente preferiu calar essa história sombria, e ignoramos se Honoré alguma vez tomou conhecimento disso.

Todavia, o jovem escritor, refeito do fracasso do seu *Cromwell*, lança-se em outros trabalhos com um entusiasmo e uma produtividade igualmente impressionantes. De 1820 até a publicação de *A Bretanha em 1799*, nove anos mais tarde, não pára de escrever. A Bibliothèque de la Pléiade editou as *Obras diversas* de Balzac, ou seja, tudo aquilo que não é nem *A comédia humana*, nem a correspondência. Apenas o período que vai dos seus primeiros escritos até 1834 ocupa dois volumes de mais de mil páginas. Há ali dentro romances, monografias, panfletos, artigos literários ou políticos. Vamos tentar nos localizar nesses escritos.

Desgostoso com os dramas em cinco atos e em versos, Honoré se voltou para o romance. Escreve *Falthurne*, um *roman noir* filosófico que se passa na Itália, e *Sténie*, um romance por cartas, como muito se fazia no século XIX. Sténie (abreviação infantil de Stéphanie) é uma moça dilacerada entre o homem que lhe é destinado como esposo e o seu antigo amor pelo "irmão de leite", que se tornou seu confidente e amigo, tudo isso num tom lírico e lacrimejante herdado de Rousseau. Balzac, em suma, testa-se nos gênero da moda.

Escrevem-se muitos romances nessa época. Os gabinetes de leitura[1] asseguram aos escritores um público substancial e, no geral, pouquíssimo preocupado com a qualidade literária. É preciso sentimento, amores contrariados, raptos ou, ainda, elementos macabros e de terror. O estilo frenético, inaugurado pelos romances de Ann Radcliffe e de Horace Walpole, conhece uma preferência duradoura. Um irlandês, Charles Robert Maturin, também se sobressaiu no gênero com *Melmoth, o homem errante*, grande sucesso de 1820. Balzac se interessa por essa literatura e mais tarde tomará emprestado o personagem de Melmoth em uma novela irônica, *Melmoth reconciliado*.

O que lhe parece, no momento, é que deve encontrar um meio de ganhar a vida com escritos desse tipo. Por inter-

---

1. Comuns na França nas primeiras décadas do século XIX, os gabinetes de leitura eram pequenos estabelecimentos comerciais onde os cidadãos podiam ler periódicos e livros mediante o pagamento de uma pequena soma. (N.E.)

médio de um colega do colégio de Vendôme, conheceu um tal Auguste Lepoitevin, que montou com diversos cúmplices uma verdadeira fábrica de romances baratos, escritos em conjunto. A partir do seu segundo nome, de L'Égreville, Lepoitevin forjou o anagrama de Viellerglé. Os temas e os roteiros são discutidos e definidos e a seguir redigidos, de preferência muito rápido. Balzac, interessado, se junta à equipe de Viellerglé e inventa, por sua vez, um pseudônimo: Lord R'hoone, anagrama de Honoré... Nessa época está na moda ser inglês, e, já que é para se passar por britânico, melhor acrescentar "Lord" ao nome, como Byron.

Honoré vai produzir diversos romances sob esse nome, misturando mais ou menos bem (mais para menos...) história, elementos pitorescos, sentimentais, fantásticos. Os títulos: *A herdeira de Birague*, *Jean-Louis ou a menina encontrada*, *Clotilde de Lusignan ou o bom judeu*, *O Centenário ou os dois Beringheld*... Depois do que rebatiza-se Horace de Saint-Aubin e publica com esse nome *O vigário de Ardennes*, depois *A Última fada ou a lâmpada maravilhosa*. Em outros romances de cuja redação participou, aparece apenas a assinatura de Viellerglé.

Tenta também uma nova investida no teatro, mas em vão: uma peça intitulada *O Negro* é recusada em 1823 pelo Théâtre de la Gaîté. Tenta também adaptar seu *Sténie*, seu *Falthurne*. Na verdade, não acabaremos nunca de inventariar toda essa massa romanesca, à qual é preciso acrescentar *Annette e o criminoso*, depois *Wann-Chlore*.

É preciso, no entanto, assinalar duas coisas. A primeira é que Balzac, que sonha em tornar ilustre o seu nome, abstém-se de ligá-lo às suas produções medíocres. A assinatura de Balzac só aparecerá com *A Bretanha em 1799*, que marca assim o verdadeiro início da sua obra. Está, portanto, perfeitamente lúcido quanto ao valor ou, mais precisamente, à ausência de valor dos seus trabalhos anteriores, que serviam apenas para pagar as contas. Em segundo lugar, e correlativamente, é claro que essa produção preliminar e ardente, na qual os eruditos gostam de encontrar tal ou tal traço, personagem ou anedota retomados mais tarde num ou noutro dos seus grandes romances, serve-lhe para a preparação da sua obra. Balzac faz tudo em escala grandiosa: não é de um ou dois romances que precisa para encontrar o seu caminho, mas de duas dúzias.

Sem dúvida, também estava testando o mercado, como se diz hoje. Não se pode esquecer da obsessão que se instala em sua vida: ter sucesso, ganhar dinheiro para provar aos seus que é capaz de fazer alguma coisa. Trabalhador incansável, com uma imensa ambição literária, Balzac não sacraliza o trabalho e a obra como o fará Flaubert. Ele produz, quer vender e ganhar o devido benefício. Terá sempre um olho na livraria e lutará pelo reconhecimento legal dos direitos autorais. Tudo se explica: Balzac é um empreendedor.

A sua vida se divide agora entre Paris, onde as necessidades literárias e jornalísticas o chamam, e Villeparisis, onde se encontra com a família.

É lá que conhece vizinhos com os quais os seus pais simpatizaram, o sr. e a sra. de Berny. Honoré visita-os de bom grado, aceita dar algumas aulas particulares às crianças. É que ele pôs os olhos na dona da casa. Ora, de visita em visita, uma evidência se impõe: está apaixonado por essa mulher.

Laure de Berny tem então 42 anos, o que, para os critérios da época, faz dela uma mulher bem madura, tanto mais que ela deu à luz nove filhos.

Ela teve uma existência agitada. Seu pai era professor de harpa de Marie-Antoinette, e sua mãe, uma das criadas de quarto favoritas da rainha. O casal real gentilmente assistiu ao batizado da pequena Laure, filha de dois domésticos apreciados. Durante a Revolução Francesa, sua mãe, que havia enviuvado, casou-se novamente com um certo cavaleiro de Jarjayes, conhecido pelo seu ousado monarquismo. Preocupada em manter a filha em segurança, casa-a com um tal conde de Berny, bem mais velho do que ela. Vã proteção. Presos como "suspeitos", os dois esposos só escapam à guilhotina graças ao Termidor.

Vinte anos mais tarde, o conde de Berny tornou-se um velho aborrecido, que há muito tempo fecha os olhos às infidelidades da sua esposa, pois Laure de Berny, que continua bela apesar dos vários partos, não despreza o fato de continuar agradando.

É, portanto, por uma mulher experiente que se interessa o novato. Até então, não se sabe nada da vida amorosa desse rapaz gordinho e tímido, fechado e ardente de paixão no interior, mas ainda bastante complexado. Apaixona-se pela senhora de Berny como acontece nos romances da época: sem nada ousar dizer... Até o dia em que ele se mune de toda a sua coragem para atirar-se.

Podemos imaginar então a perplexidade de Laure, que resiste, apesar de tudo, durante algum tempo. Não há qualquer dúvida de que ele a comove com a sua paixão ingênua, de que ilumina seus olhos negros. Mas ceder a esse rapaz tão novo, filho de uma família que conhece e freqüenta, não seria fazer um papel escabroso demais?

Mesmo assim ela cederá e será uma amante ao mesmo tempo sensual e materna, que contribuirá à formação de Balzac como romancista. Melhor: inicialmente perplexa, divertindo-se, sem dúvida, e depois realmente perturbada, vai experimentar pelo jovem amante uma paixão tanto moral quanto física, que não deixará de crescer com os anos.

Balzac lhe deverá muito, imensamente. Essa mulher que conhece a vida é, para ele, uma iniciadora, não apenas nos sortilégios do amor, mas em todos os segredos do coração feminino. Ele sabe disso e nunca a esquecerá, mesmo quando estiver fisicamente cansado dela. Ela permanecerá aquela que ele chama "a Dileta", a eleita, a preferida, e a morte dela, em 1836, será uma das suas grandes feridas.

Em 1824, Balzac efetua um primeiro balanço da sua vida e dos seus trabalhos, e esse balanço não o entusiasma nem um pouco. Ao final de cinco anos de esforços, o que realizou? Peças fracassadas, romances nos quais não aposta, sob nomes inventados – e que, além do mais, são freqüentemente escritos a quatro mãos com o seu amigo Lepoitevin, ou melhor Viellerglé. Dramalhões sem alma, sem identidade, sem futuro, bem afastados da obra sublime que sonha conceber e impor ao seu século.

Acrescente-se a isso o fato de que a pressão familiar não deixa de se fazer sentir. Sua mãe, ao que sabemos, não mede palavras: nada disso é sério, não levará a nada. E mesmo entre aqueles que ainda lhe dedicam uma afeição real – a sua irmã Laure, agora instalada em Bayeux, com a qual se corresponde assiduamente, e a outra Laure, a amante, que agora vai a Paris sempre que pode para encontrá-lo na Rue de Tournon, onde se instalou – ninguém compreende aonde quer ir o jovem autor.

Sabe-se que, no final de 1824, atravessa uma crise grave. Os sábios editores das *Obras diversas* citam um posfácio redigido para o romance *Wann-Chlore*, no qual o denominado Horace de Saint-Aubin anuncia que está cessando de produzir. "Tenho muita necessidade de silêncio para tentar fazer barulho, mesmo com o meu nome", diz gravemente.

De fato, não haverá mais romances até o renascimento marcado por *A Bretanha em 1799*, cinco anos mais tarde.

Cinco anos, quando se tem entre 25 e 30 anos, é muito tempo. A impressão é de estar jogando fora o seu futuro. E Balzac deixou de acreditar. Um dos seus amigos, Étienne Arago, o irmão do cientista, afirma que Balzac pensa em suicídio. Cruzaram-se uma noite, sobre uma ponte do Sena. Balzac, com o olhar fixo e fascinado, contemplava o fluxo negro das águas desfilar sob os seus pés.

É preciso, entretanto, seguir vivendo. No início de 1824, redigiu anonimamente dois libelos. *Do direito de primogenitura* e *História imparcial dos jesuítas*. Textos aos quais ele emprestou a sua pluma – ou, dito de outra forma, serviu de *ghost writer*. A intenção real que motivou os seus escritos de inspiração ultramonarquista permanece uma incógnita. O certo é que o jovem Balzac não compartilha desse ponto de vista. Teria se tornado mercenário apenas para ganhar um pouco de dinheiro? Ou deve-se desconsiderá-los, atribuindo as idéias expostas nesses dois textos a uma expressão deliberadamente caricata? Seria bastante curioso que a primeira expressão balzaquiana dos pontos de vista monarquista e católico que reivindicará mais tarde tenha sido apenas um exercício de pastiche. E (por que não?) que essas linhas, escritas para rir, tenham terminado por realmente influenciá-lo...

No ano seguinte, publica um opúsculo intitulado *Código das pessoas honestas*. O jornalista Horace Raisson, de quem se tornara amigo através do *Feuilleton littéraire*, um periódico em que publica alguns artigos, teve a idéia de lançar essas pequenas obras nas quais, sob a forma de um código jurídico, são descritos, de maneira satírica, os hábitos de diversas categorias sociais. Ali ainda estamos no âmbito da paródia, exercício de escárnio suscetível de seduzir um autor ainda imaturo que não acredita em mais nada. Vale lembrar, entretanto, que pela primeira vez Balzac se desvia da literatura de divertimento e, ainda de maneira superficial, começa a descrever a humanidade bem real que vê desenvolver-se em torno dele.

Mas colocou uma idéia na cabeça: já que a carreira nas letras parece fracassada, vai tornar-se editor.

Essa possibilidade foi sugerida por um amigo do seu pai que se diz disposto a emprestar o dinheiro. Balzac logo concebe um projeto – o primeiro de uma longa série de projetos mirabolantes que, em todas as épocas da sua vida, ele empreende para enriquecer. Trata-se de imprimir em um único e espesso volume as obras dos grandes clássicos. Começará por Molière e La Fontaine.

É, na época, uma idéia nova. O século XVIII e o nascente século XIX adoram os pequenos formatos. Qualquer romance ocupa dois ou três volumes. A edição "compacta" será depois explorada com sucesso, tornando-se inclusive um dos padrões editoriais de hoje. Na época, é revolucionária.

Balzac se põe a trabalhar, escreve ensaios, encontra um impressor. O resultado é mais do que conveniente. Os volumes são bonitos, elegantes, feitos cuidadosamente. Entretanto, o negócio não dura muito. Os livreiros desconfiam desse recém-chegado impetuoso que vira do avesso os hábitos e que parece francamente inexperiente. Quem ele acha que é? Por outro lado, o investimento publicitário é muito fraco. Teria sido necessário colocar anúncios nos jornais. Os volumes não são vendidos, pela simples razão de que quase ninguém fica sabendo que eles existem.

É um fiasco. Conforme conta Laure.

> Essas edições permaneceram perfeitamente desconhecidas. Um ano depois da sua publicação, o meu irmão ainda não havia vendido nem vinte exemplares e, para não pagar o aluguel da loja onde estavam empilhados e se perdiam, desfez-se deles pelo peso bruto desse belo papel que foi impresso com tanto custo.

Além de nada ganhar, as dívidas entram em sua vida. Não sairão mais. "É o início", continua Laure, "dessa experiência que deveria um dia torná-lo tão sábio a respeito dos homens e das coisas".

Não seria tão grave, se o rapaz empreendedor parasse por aí. Mas o negócio tem uma continuação ainda mais infeliz. Preocupado em reaver o seu dinheiro, o investidor inicial o convence a se recuperar lançando-se como impressor. Consultado, o sr. Balzac pai aceita colocar um pouco de dinheiro no negócio. A senhora de Berny também é solicitada. Honoré se instala num ateliê (cujo prédio ainda hoje pode ser visto) na atual Rue Visconti, com um tipógrafo que conheceu ao preparar o seu Molière e o seu La Fontaine. A tipografia começa a funcionar. Mas foi preciso investir e, principalmente, conseguir um certificado de impressor, o que custa bastante caro.

Alguns clientes tornam-se conhecidos. Entre as principais obras impressas pelo ateliê Balzac está a terceira edição de *Cinco de março,* de Alfred de Vigny, que vive então um grande sucesso. Pode-se imaginar o suspiro melancólico de Balzac, logo ele, que abandonou a escrita de romances, ao imprimir a obra do seu jovem rival... "Esqueci o homem de letras", escreve a um amigo em 1826, "esse deu lugar ao homem de letras de chumbo". A brincadeira soa amarga.

Globalmente, o negócio caminha com dificuldade. Acrescentando-se novos investimentos à dívida, estamos ainda muito longe do ponto a partir do qual, enfim, acumula-se lucro líquido. Surge então uma oportunidade de complementar a atividade de impressor com a de fundidor de caracteres. Balzac fica tentado. É de um ilogismo emocionante: já que tudo vai mal, por que não colocar nas costas um risco suplementar? O futuro autor de *César Birotteau* parece de uma ingenuidade impressionante. Toda a sua vida será marcada por essa fuga para frente, na esperança de chegar enfim ao triunfo financeiro que compensaria tudo.

Esse novo projeto não é mais bem-sucedido do que os precedentes, e, em 1828, ocorre o esperado: a família e os amigos se recusam a continuar auxiliando-o. Perderam a confiança. Balzac está endividado até o pescoço. Deve algo como 50 mil ou 60 mil francos da época, sobretudo às pessoas que lhe são próximas. Para se imaginar em euros a extensão do desastre, podemos, grosso modo, multiplicar esse número por quatro.

O pior é que o negócio da tipografia-fundição, comprado e revigorado por outros, com mais prudência, acabará por dar certo, mas já sem ele. Balzac chegou muito cedo, foi rápido demais.

Esses momentos são certamente os piores da juventude do escritor. Tudo o que ele tentou fracassou. Laure desola-se e mesmo mais tarde se desolará ao lembrar-se do passado:

> Honoré, com quase 29 anos, tinha apenas dívidas e apenas a sua pluma para pagá-las, essa pluma cujo valor ninguém ainda reconhecia. Todos ainda o consideravam um incapaz, título funesto que priva de todo apoio e dá cabo tão freqüentemente ao naufrágio dos desafortunados.
> Dura constatação!

Depois do fracasso da tipografia-fundição, Balzac se instala perto do Observatório, no número 1, Rue Cassini, numa casa de aparência modesta que hoje não existe mais.

Laure de Berny, que há muito tempo já vinha desafiando a boa conveniência e que havia voltado a viver em Paris para ficar mais perto de Honoré, vai encontrar-se com ele naquela casa. O seu ardor não diminuiu. É louca por ele, deseja-o com uma voracidade que a idade madura torna ainda mais urgente. Esses apetites sexuais não desagradam Balzac. Ele ama o amor. Mas Laure preocupa-se. Ela bem sabe que não o terá por muito tempo. Suspeita que ele comete infidelidades e não está errada.

Há outras mulheres. Sempre há outras mulheres. Sobretudo quando se é jovem e ambicioso e ainda não se conheceu muitas.

Três anos antes, em 1825, o ano da morte da sua irmã Laurence, Balzac conheceu a duquesa d'Abrantès. Ela mora em Versailles, onde os Surville se instalaram depois de um período em Bayeux.

E Balzac, que continua publicando em revistas ou obras coletivas – que não renunciou à vida literária, mesmo passando por um período de grande dificuldade –, logo se apaixona por essa mulher de 40 anos que tem muito para fazê-lo sonhar.

A duquesa d'Abrantès é, aos seus olhos, quase que uma figura histórica, a representante de um universo prestigioso, inacessível. Nascida Laure Permon (mais uma Laure), casou-se com um jovem militar, Andoche Junot. Ajudante de acampamento de Bonaparte em 1794, Junot participou da expedição ao Egito. Sobressaiu-se, mais tarde, na Península Ibérica, onde conquistou o título de nobreza de duque d'Abrantès. Participou da campanha da Rússia. Depois, enquanto era governador das províncias de Illyrie, mergulhou na depressão e na loucura. Suicidou-se em 1813, ao retornar a Montbard, na Cote-d'Or, onde estava a sua família.

Seguindo os seus passos, Laure d'Abrantès conheceu a corte imperial e atravessou toda a Europa. Foi, por um breve período, a amante do chanceler Metternich. Deixará interessantes *Memórias,* nas quais, dizem, haveria uma mão de Balzac.

Quando conhece Balzac, está retirada da sociedade e não tem mais tanto dinheiro. Mas ainda tem muito porte. De resto, conheceu tantas pessoas e tantas coisas! E, além disso, é duquesa! Acrescente-se a isso o fato de que ela tem relações mundanas excelentes, que poderiam ser úteis.

Ela resiste oito meses antes de ceder à corte assídua desse rapaz ingênuo, divertido, perturbador também. Cede depois de tanto sentir o desejo impaciente dele e de receber cartas inflamadas.

Cartas que ele assina, sem se constranger, como Honoré *de* Balzac.

Honoré se torna Balzac

Em cerca de dez anos, a carreira de letrado com a qual Honoré sonhava não decolou. É, inclusive, bastante desproporcional falar em carreira. Ele chega aos trinta anos, a essa idade em que um homem já "definiu a sua profissão", como se diz então, e já "assegurou uma posição". Balzac não fez outra coisa nesses anos além de multiplicar escritos ocasionais, sem grande sucesso.

Ora, nesse ano de 1829, duas obras mudam repentinamente a situação: *Fisiologia do casamento*, com o subtítulo "Meditações de filosofia eclética sobre a felicidade e a infelicidade conjugal, publicadas por um jovem solteiro"; e, por outro lado, *A Bretanha em 1799*, assinado, dessa vez, Balzac. Será o primeiro dos romances incluídos em *A comédia humana*.

Já dissemos que Balzac observa a moda e as tendências. Quer ter êxito e procura, por instinto, as "tendências", como diríamos hoje. Ainda não é o romancista seguro de si e do seu gênio, que imporá a sua estética e o seu projeto, se preciso for, contra o sentimento dos seus contemporâneos.

O que era moda lá por 1825-1830? A história, o pitoresco, a aventura, o exotismo temporal ou espacial.

O mestre é Walter Scott (1771-1832). O seu primeiro romance, *Waverley*, é de 1814. A seguir, publicou a cada ano uma nova obra, mas é apenas a partir de 1820, ano de *Ivanhoé*, que se tornou célebre em toda a Europa. É originário da Escócia, um país que encanta desde que os deliciosos poemas do suposto bardo Ossian, escritos por Joseph Macpherson, foram lidos. O sucesso de Scott é imenso, e a sua influência, enorme, particularmente em razão do seu enraizamento nos costumes e na história de um país. Alessandro Manzoni, na Itália, Puchkin e depois Nicolai Gogol, na Rússia, descobriram com ele que a cor particular de uma nação constitui matéria abundante à poesia, ao contrário da abstração ou do universalismo da estética clássica.

Desde então, com inúmeras versões resumidas e adaptações medíocres ao cinema, Walter Scott ficou muito reduzido ao estatuto de autor de literatura juvenil, pitoresco e um pouco fora de moda. Se o "xerife do Selkirkshire", como foi apelidado, não despreza nem batalhas nem duelos, nem histórias de amor, nem golpes de espada, é também um romancista historiador preocupado em compreender as questões de uma época. O projeto inicial de *Waverley* é exatamente o de esclarecer, através de uma história em que protagonistas atraentes vivem e sofrem, a situação e os conflitos de uma sociedade pouco conhecida, a da Escócia do século XVIII. Ele romanceia a história, mas com a ambição de atingir o verdadeiro: sua evocação de Louis XI em *Quentin Durward* não cede jamais às facilidades caricaturais que outros se permitirão.

Na França, todos iniciadores do romance histórico são concorrentes diretos de Walter Scott, mas não o citam pelas mesmas razões. Quanto a isso, nada permite compreender melhor o que separa Dumas de Balzac do que o exame daquilo que cada um deles retém desse mestre que ambos admiraram. Dumas toma-lhe as cores históricas, a aventura, a arte de misturar personagens imaginários com protagonistas reais e com fatos históricos importantes. Mas ele acelera o ritmo, simplifica os personagens, abrevia as descrições, aumenta os diálogos. Balzac, por sua vez, admira no escocês o cuidado com a psicologia do personagem, com a verdade histórica, com a evocação das regiões, dos cenários, dos costumes: tudo aquilo com que o bom Dumas não se preocupa exageradamente e que Balzac trará para o estudo da sua época.

Essa inspiração histórica, ao longo dos anos 1820, atrai então o público e os autores. Chateaubriand, que soube dividir com o público a sua sensibilidade pelo exotismo americano e depois pelo charme da antigüidade cristã transfigurada pela imaginação, publica em 1826 *As aventuras do último Abencérage*, composto muito antes. Os perfumes da civilização árabe-andaluz exalam da história de Aben-Hamet, descendente do rei Boabdil, que volta a Granada, onde se apaixona por Blanca, que pertence à família Bivar, ou seja, os vencedores espanhóis.

Fala-se muito, também, de um autor americano, o que é por si só uma novidade. É com *Os pioneiros*, em 1823, que Fenimore Cooper (1789-1851) criou o personagem de Natty Bumppo, apelidado de Leatherstocking, herói de cinco dos seus romances. Em 1826, foi publicado *O último dos moicanos*, que lhe valeu o apelido de "o Walter Scott da América" e o impôs como um dos grandes nomes do romance de aventura e exotismo.

No mesmo ano, Alfred de Vigny se inspira na história da França, pintando com *Cinco de março* a luta da aristocracia feudal contra o peso crescente da monarquia administrativa que Richelieu se esforça para criar no século XVII. Balzac, que experimentou todos os estilos suscetíveis de agradar, decide então aplicar-se na escola de *Waverly* e de *Rob Roy*. A referência a Cooper é igualmente óbvia no primeiro título de *A Bretanha em 1799: O último chouan*.

O que o atrai nessa guerra civil francesa, a *chouannerie*? Sabe-se que em 1826 ele leu diversas obras sobre a Revolução Francesa. Essa história recente ainda está viva nas memórias, e os testemunhos são numerosos no seu entorno, a começar por Bernard-François Balzac e a senhora de Berny.

Neste momento, o romancista cansou-se das facilidades que prevaleciam na oficina romanesca do seu amigo Lepoitevin. Desejoso dessa vez de criar uma obra forte e sólida, desenha com cuidado os personagens e as personalidades, elabora uma intriga associando estreitamente a política, a paixão amorosa e a ação. Os personagens: um militar monarquista e bom, uma bela espiã, um policial astucioso, um jovem aristocrata aventureiro e, no centro do romance, o terrível Marche-à-Terre, emanação daquele universo camponês irredentista e arcaico que resume tão bem. A França das Luzes ignorava, sem dúvida, que possuía, nas províncias periféricas, os seus próprios moicanos. Sobre este pano de fundo, Balzac acrescentou um complô, uma história de amor, uma traição, tiros, a marcha hesitante dos exércitos em uma região de sebes e fossos onde o grito da coruja, assim como o olhar sombrio de um camponês mudo, pode anunciar as mais iminentes ameaças...

É também na elaboração desse romance que vemos surgir um Balzac historiador e sociólogo, preocupado com a descrição verídica dos lugares e dos costumes. Pela primeira vez, decide se nutrir de observações colhidas por ele mesmo e consegue ser convidado por um conhecido da família, o general de Pommereul, a Fougères, epicentro dos fatos que quer reviver. Ali, observa as paisagens, examina os tipos humanos, recolhe testemunhos.

O romance fica marcado por todo esse trabalho. O Balzac romancista histórico não tem a vivacidade nem o ritmo galopante de um Alexandre Dumas. Mas a sua lentidão é capaz de maravilhas quando se trata de fazer sentir os ambientes, a rudeza primitiva daqueles camponeses rebeldes, as realidades cotidianas da vida militar... Com Dumas, sejam quais forem a época e a região aonde leva os seus leitores, estamos primeira e principalmente no âmbito da aventura: com Balzac, estamos na região, no cenário. E no real.

Essa veia histórica permanece marginal com relação ao que foi realizado em *A comédia humana*. O plano geral deixado pelo escritor demonstra, entretanto, a importância que tinha aos seus olhos. A seção intitulada "Cenas da vida militar" e que não contém apenas *A Bretanha em 1799* e *Uma paixão no deserto*, deveria ter cerca de vinte títulos, sobre os quais estamos mais ou menos bem informados: *Os soldados da república*, *A entrada no campo*, *Os franceses no Egito*, *Sob Viena*, *Os ingleses na Espanha*, *A batalha*. É de olho nesse último projeto que ele irá ao campo de batalha de Essling em 1835. Se esse plano tivesse sido realizado, *A comédia humana* teria apresentado a epopéia política e guerreira precedente à época burguesa. Essa oposição de duas épocas tão próximas parece tê-lo fascinado. Foi encontrado em suas notas um título, *A história e o romance*, sobre o qual não sabemos muita coisa, a não ser que se tratava de opor e abranger em dois quadros simétricos os tempos impiedosos do Terror (história) ao abrandamento e às intrigas do Diretório (o romance).

A epopéia napoleônica inspira igualmente um dos seus romances mais célebres, de uma rara melancolia: *O coronel Chabert*, publicado em 1832, sob o título de *A transação*. Ali instala a figura patética de um homem, dado por morto ("aquele que morreu em Eylau"), que volta dos campos de batalha anos depois da guerra, incomodando muita gente, a começar pela sua mulher, que se casou novamente. A história serve apenas de pano de fundo; mas é importante lembrar-se de que *A comédia humana* – ainda que a descrição da sociedade contemporânea ocupe o primeiro plano – enraíza-se nesse terreno. É nos 25 anos entre a Revolução Francesa e o Império que a biografia de inúmeros personagens balzaquianos encontra a sua dinâmica e a sua singularidade.

Por acaso – mas um acaso muito simbólico –, figura nesse primeiro romance assinado por Balzac o personagem Hulot, que encontraremos em *A prima Bette* (1848), ou seja, na sua última obra publicada. Em 1799, Hulot, dirigindo meia brigada, está em missão na região de Fougères. Em *A musa do departamento*, ficamos sabendo que, a seguir, participou da guerra contra a Espanha. Em 1809, recebe o título de conde Hulot de Forzheim. Depois de 1830, Louis-Philippe o nomeia marechal da França. Esse militar simples e leal, um pouco surdo no fim da sua vida, é uma das figuras mais encantadoras de *A comédia humana.* É uma ligação entre dois romances decisivos, realizados com um intervalo de vinte anos.

Infelizmente, *A Bretanha em 1799* não encontra, no seu lançamento, o sucesso esperado. A repercussão na imprensa é rara e, no conjunto, duvidosa. Apenas alguns literatos se interessam por esse novo escritor. Encontram-lhe defeitos que os seus detratores não deixarão de denunciar: taxam-no de pesado, enrolado, pretensioso, atrapalhado. Na realidade, o romance de Balzac tem um leve defeito, a sua lentidão. A intriga, embora bem construída, demora para começar. O clima é correto e abarrotado, a curiosidade do leitor é aguçada; mas é preciso reconhecer que, de preliminar em preliminar, esperamos tempo demais pelo drama. Balzac sempre terá esse problema de ritmo – que lhe causará alguns desapontamentos quando aparecer a grande moda do folhetim "a ser seguido".

O sucesso, nesse ano de 1829, virá de outro lugar. Menos conhecido – e, é preciso confessá-lo, menos interessante para o leitor de hoje –, *Fisiologia do casamento,* publicado quase ao mesmo tempo. Sabe-se que Balzac estava trabalhando nele, acumulando notas, entre 1826 e 1828. Não é um romance, mas um aglomerado de anedotas, de preceitos mais ou menos humorísticos, de máximas. O escritor tentou visivelmente aprofundar a veia do seu *Código das pessoas honestas*, mantendo um estilo que estava na moda desde que Brillat-Savarin lançou a sua *Fisiologia do gosto* em 1825. Ele se faz de moralista, num tom brincalhão, hesitante entre o sério e o humorístico. Balzac jamais renunciará a essa obra, destinando-a a fazer parte das "anatomias" e outros "tratados" que reunira nos "Estudos analíticos", os quais deveriam constituir o próprio coroamento de *A comédia humana*. Nesse sentido, *Fisiologia do casamento* inaugura uma das veias essenciais da sua obra, pelo menos do seu ponto de vista, mesmo que o tempo não o tenha deixado arrematar esse plano.

Enquanto *A Bretanha em 1799* resulta num meio-fracasso, *Fisiologia do casamento* é o livro que o lança. Este livro nos parece hoje bastante tagarela, corrompido pelo espírito fácil e o estilo florido que são a marca do jornalismo então na moda. Mas, na época, o livro intriga, diverte, provoca e, sobretudo, encontra a aprovação de um grande número de leitoras, manifestando uma sátira vigorosa dos casamentos arranjados e dos maridos indelicados. Descobre-se ali um Balzac audacioso que se faz apóstolo do prazer feminino, criticando os homens pela sua mentalidade de proprietários, incitando-os a despertar sabiamente a sensualidade de suas esposas virgens... É igualmente apreciável a sua arte da caricatura, da anedota, da situação prosaica e real no seu alcance geral.

Enfim: a sua carreira decolou. Pela primeira vez, Balzac sentiu que um contato se estabelecia entre o público e ele. Ainda não é a glória, mas é um começo. Ele é agora um autor "falado", e esse primeiro sucesso vai ajudá-lo a se encontrar. Pouco a pouco surge a idéia de que a sua matéria de escritor está ali, diante dele, debaixo do seu nariz. Jornais e revistas se declaram interessados pela sua maneira de tornar-se o cronista da vida social, do universo cotidiano. Ele não os decepcionará. Se há um traço de Balzac que se revelou desde o início, é a sua excepcional aptidão para produzir muito e rápido. Novelas e romances vão se suceder a partir de então em uma cadência rápida que não se esgotará. Em alguns meses entrega *A paz conjugal*, *Ao Chat-qui-pelote*, *El verdugo*, *Estudo de mulher*, *Uma paixão no deserto*, *O baile das espadas*... Em 1831, seguem principalmente *A pele de onagro*, *Sarrasine*, *A obra-prima desconhecida*, *Jesus Cristo em Flandres*... O que impressiona é que, em apenas dois anos, depois de longos ensaios, o "verdadeiro" Balzac aparece.

No verão de 1829, em La Bouleunière, perto de Nemours, onde passava uma temporada com a sra. de Berny, escreveu uma novela, *A paz conjugal*, e a seguir, no outono, *Ao Chat-qui-pelote*. Esse breve romance é o primeiro verdadeiramente característico da arte de Balzac. Ali, coloca em cena o pequeno comércio parisiense ("Guillaume, sucessor de Chevrel, comerciante de tecidos") através de uma abordagem realista e séria das condições sociais, das questões de dinheiro, dos costumes, tudo isso ligado a uma intriga coerente e bem conduzida. A história de Augustine – a filha do comerciante que se casa com um pintor mundano que tudo perdeu e a faz infeliz – parece, em parte, inspirada no destino trágico de Laurence Balzac. O pessimismo fundamental balzaquiano já se afirma: a moral da história, se queremos buscar alguma, é que não se deve sair do seu meio e da sua condição – os mundos sociais são impiedosamente estanques – e menos ainda pretender construir um casamento bem-sucedido baseado em sentimentos amorosos...

Evidentemente, o romancista já fez os seus planos: no ano seguinte, aparecem nas livrarias dois volumes intitulados *Cenas da vida privada* que comportam, além dos dois títulos precedentes, *Gobseck*, *O baile de Sceaux*, *A vendeta* e *Uma dupla família*. Balzac já concebe então a sua obra em séries, em conjuntos. Tem, desde o início, esse reflexo enciclopédico, mesmo que ainda esteja bem longe da arquitetura complexa e meditada de *A comédia humana*.

Além de tudo, o escritor encontrou a sua tinta e a sua voz. Abriu-se ao domínio inesgotável da vida concreta dessa Paris que ele tanto percorreu, os lojistas, os letreiros, os móveis, as questões de dinheiro, os projetos de casamento, os tipos sociais, os próprios nomes: quase nenhum romancista havia tido essas curiosidades. Os costumes ordinários alimentavam a comédia fácil ou a caricatura. Balzac vai bem além: ele quer captar e estudar essa matéria humana, esses personagens fornecidos pela realidade parisiense, com a ambição de ali encontrar o homem, as suas paixões, as suas instâncias eternas e as leis que governam a vida nas sociedades.

A história fornece elementos em *A Vendeta* ou em *Um episódio durante o Terror*. *El verdugo* enraíza, na guerra da Espanha, uma intriga atroz: Balzac não virou completamente as costas para o gênero frenético.

Datam também desse ano obras de uma inspiração diferente: *O elixir da longa vida* retoma o mito de Fausto e a atração pelo fantástico. *Sarrasine* e *Uma paixão no deserto* abrem outros caminhos da imaginação balzaquiana, pintando, a primeira, a paixão amorosa de um rapaz por um castrado, num ambiente típico de Stendhal; e a outra, as relações sensuais entre um homem e uma pantera, num cenário argelino... Se a pintura social contemporânea constitui, desde essa época, a marca de Balzac, é importante não esquecer que ele recorre a outros registros, aos quais almeja dar espaço em *A comédia humana*.

A produção de 1831 é também bastante esclarecedora sobre esse aspecto: ao lado de *A mulher de trinta anos*, que faz parte dos estudos de costumes, temos *A obra-prima ignorada*, onde se vê a paixão por um ideal de beleza conduzir um pintor à autodestruição e à loucura, bem como *Jesus Cristo em Flandres*, narrativa breve, próxima do conto popular tradicional. Da mesma forma, em 1832, ao lado de *O coronel Chabert* e de *O cura de Tours*, que se inscrevem na coloração dominantemente "realista" da obra, Balzac publica *Louis Lambert*, onde a sua atração pelo ocultismo e pelo espiritualismo se expressam com uma impetuosidade romântica.

É preciso deter-se nessa questão. Ele havia lido, já foi mencionado, os contos de Hoffmann e os romances ditos "frenéticos", nos quais se inspiravam *A herdeira de Birague* e *O Centenário*, na época em que assinava Lord R'hoone. Apaixonou-se pelas teorias "iluministas", por Saint-Martin, por Swedenborg. Em *Ursule Mirouët*, romance bastante balzaquiano sobre a captação de uma herança, veremos a comunicação se estabelecer entre mortos e vivos, a fim de denunciar a impostura. Na *Estalagem vermelha*, ele coloca em cena um caso estranho de telepatia: o crime crapuloso pensado por um personagem e perpetrado pelo seu companheiro de viagem... Essa veia não deixará jamais de interessá-lo, e ele reservará, no plano final de *A comédia humana*, um lugar de destaque às obras visionárias, assombradas, que chama de "Estudos filosóficos". Ao lado do Balzac "realista", "pintor dos costumes", existe um Balzac romântico, em busca das verdades esotéricas...

Em suma, ele nada recusa aos poderes do imaginário; para se ter uma idéia dessa ambição de romance total que é a sua, seria preciso, sem dúvida, ir ainda mais longe. Lesage, no século precedente, com *O diabo coxo*, havia imaginado o demônio Asmodeu, que levanta os telhados das casas para descobrir os segredos e as intrigas do mundo: esse romancista onisciente que *A comédia humana* supõe, capaz de desvendar os dramas ignorados que agitam as profundezas de Paris, também não se identifica com algum demiurgo dotado de poderes sobrenaturais?

Nada, ele não recusa nada! Com uma abundância e um apetite prodigioso, o jovem romancista quer fazer de tudo, experimentar de tudo, jogar tudo no caldeirão da sua criação. Em 1831, lançou-se na redação de um volume diferente, os *Contos jocosos*, onde retoma a tradição do *Decamerão* de Boccacio e a língua rabelaisiana. Aliás, é ao autor de *Pantagruel* que ele toma emprestado o adjetivo "jocoso". Diz-se que Rabelais era um escritor afeiçoado ao seu pai; o século XVIII havia reabilitado a honra desse espírito livre, audaciosamente liberado da tutela dos poderes e dos dogmas. Balzac nunca deixou de ser fascinado por ele, por essa língua contrária a todo academicismo, onde se misturam os dialetos, os jargões, os neologismos letrados e as alegres trivialidades populares.

Na verdade, se quisermos compreender quem é o Balzac desse período, é preciso nos debruçarmos sobre *A pele de onagro*. O romance é publicado em agosto de 1831 e conhece, dessa vez, um sucesso fulgurante. A imprensa tece inúmeros louvores ao romancista, exceto Sainte-Beuve, que se cala e declara de forma privada que esse romance é "fétido". Fétido ou não, o romance articula perfeitamente todos os componentes da sensibilidade e da arte balzaquiana: o realismo contemporâneo com a descrição da casa de jogos, do antiquário, da orgia na casa do banqueiro Taillefer; o fantástico, com a invenção inesquecível da pele de animal, ornada com uma inscrição com caracteres orientais que encolhe a cada desejo alcançado; os sonhos de glória do jovem Balzac, por meio do retrato de Raphaël de Valentin, pobre e sozinho numa mansarda, meditando sobre uma grande obra filosófica. Tudo está ali, a ambição imensa e insaciável, a tentação do suicídio e a tentação faustiana. A obsessão sensual também: a evocação da cortesã Aquilina, esplêndida e depravada, ao lado da jovem Euphrasie, espécie de libertina ingênua, é de um grande poder sugestivo e de certo faz parte daquilo que o sr. Sainte-Beuve julgava fétido.

Precisamos nos deter na figura do velho antiquário, aparição discreta e diabólica, e aproximá-la de um outro personagem criado por Balzac no ano precedente: o usurário Gobseck. Tanto um como o outro viveram muito e perderam todo e qualquer apego. Gobseck esteve nas Índias, conheceu o bailio de Suffren e Tippo-Sahib; não é estranho "a nenhum dos fatos da Independência americana"; ele e os seus semelhantes, que se encontram diversas vezes por semana, conhecem todos os segredos das fortunas, do comércio e da Bolsa. O misterioso antiquário de *A pele de onagro*, por sua vez, parece ter vivido milhares de anos, como Cagliostro. Tanto um quanto o outro, escondidos em Paris, constituem o último e perigoso recurso dos infelizes, dos jovens arruinados, das mulheres metidas em enrascada... Duas figuras da tentação diabólica.

A obra de Balzac não pode ser compreendida se forem negligenciados esses panos de fundo, esse desejo de poder escondido no fundo do inferno parisiense. O observador dos costumes, aquele que quer se tornar "o secretário e o historiador" da sociedade, só não chega a uma tal força de realismo porque sabe colocar, aqui e ali, correntes subterrâneas e ocultas, o "avesso da história contemporânea".

E isso não é tudo: é preciso observar que esse romance trágico, por vezes melodramático (principalmente com o amor "inocente e puro" que a jovem Pauline consagra ao herói), contém também uma espécie de mensagem codificada que refere-se, com insistência, justamente a Rabelais e a um outro autor que se situa, entretanto, no oposto dos lampejos românticos: Laurence Sterne. Do autor de *Tristram Shandy* Balzac toma emprestado, como epígrafe do seu romance, um daqueles arabescos estranhos pelo qual Sterne pretendia representar o movimento das existências; de Rabelais, uma citação apócrifa, forjada por ele e colocada no fim da primeira edição, que soa como a confissão de uma intenção paródica: "Os telemitas são bons em salvar a sua pele e têm tristezas moderadas" ["Les Thélémites estoient grands mesnagiers de leur peau et sobres de chagrins"]. Curioso apadrinhamento para um tal romance o desses mestres do riso, da distância e da ironia. Tudo ocorre como se Balzac, tendo expressado de maneira incandescente um certo estado de espírito romântico, quisesse deixar entender aos *happy few* que tudo isso poderia muito bem ser uma farsa...

Nada: ele não recusa nada!

Em dois ou três anos, Balzac indiscutivelmente assumiu o seu lugar entre a jovem geração literária, ao lado de Hugo, Mérimée, Vigny. Conquista imediatamente uma posição cuja originalidade deve ser ressaltada.

Exceto pela manobra – excepcional – de *O corcunda de Notre-Dame*, Hugo aposta na poesia e no teatro, antes de cobiçar uma carreira política que o levará à obtenção do título de par da França.

Dumas, outro rei do teatro, igualmente tomará, alguns anos mais tarde, o caminho do romance histórico e popular. Vigny e Lamartine são aristocratas um pouco afastados, aparentemente menos à vontade e espontâneos quando se trata de conquistar um público. Prosper Mérimée explorará, à sua maneira, o exotismo e a história, privilegiando a novela, na qual é inigualável, aliando a cor romântica à causticidade discreta, tão cara ao seu mestre Stendhal.

Balzac é praticamente o único a se orientar na direção da pintura de costumes, ainda que, vale a pena insistir, não se possa reduzi-lo a esse único registro; é o único também, e talvez o primeiro na literatura francesa, a conferir ao gênero romanesco um lugar exclusivo.

Pode-se pensar que os cinco ou seis anos que seguem tenham sido os mais felizes e os mais brilhantes da sua vida. O romancista encontrou o seu rumo. Socialmente, o obscuro escritorzinho dos anos precedentes deu lugar a um autor que os círculos mundanos e literários começam a acolher.

É o seu cunhado, Surville, que aceita alugar no seu nome o apartamento da Rue Cassini onde Balzac mora desde 1828. Pequeno acerto familiar, graças ao qual Honoré consegue abstrair-se da pressão da sua dívida. Essa não o impede, aliás, de mostrar-se perdulário, e o apartamento é lindamente decorado como *garçonnière*. O ideal do jovem gênio pobre, austero e estudioso, manifestamente teve a sua época. Balzac está agora convencido de que, para se impor, é preciso pagar os amigos, aparecer na sociedade, aparentar um certo esplendor. Aos 30 anos, sente um apetite terrível de viver, de criar, de conquistar, de dominar! O dinheiro? Por que se preocupar, já que agora ele o ganhará com as suas obras? Melhor inclusive gastá-lo antes, descontando os sucessos que agora, com certeza, vão chover e fazer dele o rei de Paris!

Ao correr dos anos, ele conseguiu construir uma rede de relações na imprensa e com os seus colegas escritores. Se *A Bretanha em 1799* não foi um sucesso, ao menos atraiu a atenção de alguns entendidos. Balzac apareceu, tímido, deslumbrado, na casa de Victor Hugo, convidado a ouvir a leitura de *Marion Delorme* diante de um público que contava com Musset, Vigny, Sainte-Beuve, Mérimée. Hugo é então um leão das Letras, superdotado e terrivelmente ambicioso. O autor de *As orientais* sabe orquestrar magnificamente bem a sua carreira. Charles Nodier, um pouco mais tarde, ficará apagado pela maneira como Hugo se coloca como líder da nova escola romântica. Este conseguirá fazer com que *Hernani* seja considerado o momento decisivo da renovação teatral – a história da literatura já está convencida –, embora a primeira grande virada, na realidade, tenha ocorrido no ano anterior com *Henri III e a sua corte*, de Alexandre Dumas. Ao escrever *O corcunda de Notre-Dame*, captou maravilhosamente bem, em seu benefício, o interesse geral pela Idade Média; está inclusive na origem de uma conscientização, por parte dos poderes públicos, da importância do patrimônio. Quando, um pouco mais tarde, o ministro Guizot confiar a Prosper Mérimée a tarefa de levantar a arquitetura antiga de toda a França, será para responder a uma preocupação nova da opinião pública, em grande parte provocada pelo romance. Com relação a Hugo, Balzac sente curiosidade e estima, nada mais; interessa-se pouco pelo que ele escreve. Mais tarde, suas evoluções políticas diferentes os afastarão, mas Hugo lhe dedicará uma admiração sincera que nunca se desmentirá.

A duquesa d'Abrantès também se esforçou para encontrar algumas relações mundanas úteis ao seu jovem amante. A sra. de Récamier o recebe em Abaye-aux-Bois, para onde ela se retirou. Chateaubriand, Constant, Lamartine são alguns dos que a cercam. Balzac freqüenta também o ateliê do pintor Gérard, onde cruza com Delacroix, Scheffer, David d'Angers, e o salão de Sophie Gay, cuja filha, a bela Delphine, terá um grande papel de musa inspiradora depois do seu casamento com o homem de imprensa Émile de Girardin.

O seu lado provinciano e desajeitado o atrapalha um pouco. Alguns zombam da sua mania de se fazer chamar "de" Balzac. Além do mais, não é um homem bonito; é baixinho, gordo, inclusive beirando a obesidade, segundo algumas pessoas. Os caricaturistas captaram isso: desenharam-no como um balão flutuante. Tem dentes estragados, saliva abundantemente. Portanto a primeira impressão é, em geral, negativa. Mas basta que ele vença a timidez, que consiga se sentir "em confiança", para que a sua eloqüência, a sua graça, a sua real gentileza conquistem as almas. E, além do mais, tem o seu olhar. Todos que então o conhecem evocam o olhar negro cheio de doçura e de gravidade, que ora penetra e parece sondar implacavelmente os rins e os corações, ora se torna vivo, sorridente, amigável. O que prevalece é a alegria, o seu lado *bon vivant*, petulante, entusiasta.

"É impossível não se alegrar com ele. "Uma criancice divertida, esse era o caráter dessa figura...", escreverá Lamartine. Gautier aprofunda esse traço:

> Ele tinha uma verve, uma eloqüência e um virtuosismo irresistíveis. E como todos se calavam para ouvi-lo, com ele, para a satisfação geral, a conversa tornava-se rapidamente um

solilóquio... Embora fosse a época dos sonhadores desgrenhados e dos desiludidos byronianos, Balzac possuía essa alegria robusta e poderosa, que atribuímos a Rabelais, e que Molière apenas nas suas peças mostrou.

Ao lado dos salões mundanos, há também os jantares só para rapazes, em que as controvérsias literárias se misturam aos jogos de palavras, às sacanagens, aos ditos maliciosos, às risadas. Balzac fará, aliás, uma restituição brilhante desse clima de comezaina e convivas alegres ao contar a história do banqueiro Nucingen.

Amigos, sucessos mundanos, jornais e editores que acolhem de bom grado os seus escritos... Que revanche para os anos difíceis em que acumulava fracassos, confirmando, dia após dia, a sua reputação de inútil! Mas não tem a satisfação de ver o pai testemunhar o seu sucesso. Bernard-François Balzac morreu em 1829, aos 83 anos. As suas teorias sobre a arte de viver haviam trazido os seus frutos, mas havia se tornado um velho aborrecido, cujo otimismo incorrigível era apenas o abrigo de um egoísmo cada vez mais forte.

Em contrapartida, Honoré tem o prazer de ver a sua bela mãe olhá-lo de outra forma desde que o seu sucesso começa a se esboçar. Tornou-se um pouco mais doce e mais ou menos se ocupa da sua casa e de questões administrativas. É verdade também que o jovem escritor, desde a liquidação da tipografia, ainda deve à sua família.

O Balzac desse tempo também é um homem feliz. Continua a viver entre Laure de Berny e Laure d'Abrantès – a quem decidiu rebatizar de Marie: uma mãe, uma irmã e duas amantes eram realmente Laures demais. Nos braços de Laure de Berny, Balzac descobriu todos os segredos do prazer amoroso, e ela se esforça para permanecer indispensável. Além do mais, é a amiga, a confidente, a figura materna. Ele precisa disso, mas às vezes se cansa. Ela dedica-lhe um daqueles afetos tão apaixonados que acabam por amedrontar certos homens, dando-lhes a sensação de estarem sendo sufocados. Balzac escreveu sobre esse desencantamento sentido pelo homem depois de satisfeito pela sua amante, aquela impaciência por evadir-se que pode então se apoderar dele, a vontade de ficar sozinho ou, como diz, "aquela fantasia de ir passear".

É obrigado a prestar atenção: Laure de Berny mais ou menos resignou-se a não guardar exclusivamente para si o seu jovem gênio. Mesmo assim, quer evitar que as duas mulheres se encontrem na calçada da Rue Cassini.

Aproveita, entretanto, como um paxá. É visto passando uma temporada com Laure de Berny em La Bouleaunière, perto de Nemours; algum tempo depois, parte para Maffliers, no norte de Paris, com a sra. d'Abrantès, antes de encontrar-se com a primeira na Grenadière, na região da Touraine. É dali que, durante o ano de 1830, os dois descem o Loire de barco até o Croisic. Lugares nos quais ele situará romances futuros.

Tudo é aproveitável para o romancista, e, em certa medida, as mulheres também servem de documentação. As suas intrigas, os seus personagens não saem prontos do seu cérebro: da boca das suas amantes que muito viveram, recolhe anedotas, traços psicológicos. Explora, graças a elas, a sensibilidade e o olhar femininos, freqüentemente tão enigmáticos para um homem. Enfim, nada vale tanto quanto a experiência direta, e Honoré não perde a ocasião, por exemplo, de pendurar junto aos seus troféus a bela Olympe Pélissier, amante de um dos seus amigos e que será mais tarde a sra. Rossini.

Também tem Zulma Carraud, outra conhecida, de Versailles, da sua irmã Laure Surville e do seu marido, que conheceu na mesma época em que travou relação com Laure d'Abrantès. É esposa de um militar, posteriormente transferido para Angoulême. Essa mulher inteligente e culta, que o jovem escritor começou a cortejar, pretende permanecer uma amiga e comunica-lhe isso de maneira bastante firme. Resistirá, apesar de algumas novas tentativas. Balzac aceita jogar o jogo da amizade com ela e com o marido. Correspondem-se. Inúmeras vezes irá visitá-los no interior. Zulma também representa essa função materna que ele precisa. Esforça-se para fazer ouvir a voz da razão, preocupa-se com a sua indisciplina parisiense. Tenta inclusive planejar-lhe um casamento provinciano: instalado em uma vida tranqüila e regular, não estaria ele em condições ideais para continuar a sua obra? Balzac não lhe dá ouvidos. Não tem a menor pressa de se enterrar longe de Paris com uma esposa devota que o aborreceria depois de dois meses.

Zulma Carraud vai seguir de longe, mas com preocupação, o novo capricho amoroso do jovem romancista: a marquesa de Castries.

Tudo começou em 1831, quando essa mulher da melhor sociedade escreveu-lhe anonimamente uma carta repleta de admiração. Ele respondeu. Ela aceitou se desmascarar. Tem 35 anos. Pertence à alta aristocracia legitimista. Separada do marido desde 1822, viveu com o seu amante, o filho do chanceler de Metternich, que morreu em 1829. Ligeiramente incapacitada depois de uma queda de cavalo, não deixou de ser atraente. Balzac sente-se logo atraído por ela e também fica fascinado pelo seu nome. A nobreza do Império, à qual pertence Laure d'Abrantès, era o começo; mas a senhora de Castries é a verdadeira nobreza, a do Antigo Regime, a que mora nos veneráveis palacetes do Faubourg Saint-Germain.

Poderíamos pensar que ele escolheu mal o momento. Em julho de 1830, a cólera popular explodiu contra a política do velho Charles X, por ocasião dos decretos que restringiam a liberdade de imprensa. O seu ministro favorito, Polignac, acreditava-se diretamente protegido pela Santa Virgem, mas esta não devia ver as coisas da mesma maneira, pois o regime afundou em menos de três dias. O duque de Orléans, sob o nome de Louis-Philippe I, reuniu apoio suficiente (principalmente dos grandes bancos e do mundo dos negócios) para propor aos franceses uma monarquia constitucional. A França burguesa triunfa; o "rei das barricadas" jamais havia hesitado em reprimir com sangue as rebeliões populares. A aristocracia legitimista, por sua vez, teve então que se retirar dignamente às suas velhas mobílias...

Mesmo assim, essa aristocracia não perde o seu prestígio mundano. Honoré, filho de funcionário público e neto de camponeses do sul, está deslumbrado. Sob o olhar afetuoso da marquesa de Castries e diante dos testemunhos de interesse e de estima que os seus amigos lhe oferecem, sente a sua própria rápida transformação em monarquista e católico.

Entretanto, Henriette – é o seu nome – resiste-lhe e anuncia a sua intenção de partir em breve para Aix-les-Bains, na Savoie. Balzac, ligeiramente despeitado, mas considerando que se trata apenas de um adiamento, troca, por sua vez, Paris por Angoulême, onde conta a Zulma Carraud o segredo dessa nova paixão.

A sua afetuosa amiga se preocupa. Estamos em 1832. Menos de dois anos depois da queda de Charles X, um grupo de ativistas legitimistas se agita em torno da duquesa de Berry, sua nora, impetuosa descendente dos Bourbon de Nápoles, que sonham em repor no trono o seu jovem filho, o duque de Chambord. A polícia vigia de perto essas manobras. Haverá prisões. O círculo de amigos da marquesa de Castries está mais ou menos envolvido com tudo isso. Honoré precisa mesmo meter-se nessa armadilha? Zulma tenta desencorajá-lo.

O escritor talvez a escutasse se ao menos ela quisesse ser sua... Insiste, declara-lhe quase explicitamente que suspeita que ela seja frígida. Mas Zulma obstinadamente o rejeita, enquanto que a senhora de Castries sugere a ele que vá encontrá-la em Aix-les-Bains. Convencido de que esse convite já é, por si só, um consentimento amoroso, deixa Angoulême, atravessa o Massif Central e se instala em um hotel da cidade da Savoie.

Durante semanas ele vê, todos os dias, a atraente marquesa, bem como o tio dela, o duque Fitz-James. Mas as esperadas alegrias demoram. Henriette faz charme, seduz, faz-se deliciosamente insinuante para então esfriar, assim que o seu aspirante tenta um gesto ou uma palavra mais ousados. O que ela quer exatamente? Ele retoma as esperanças quando ela o convida a acompanhá-la à Suíça e à Itália ao lado do duque e da duquesa de Fitz-James. Aceita participar da viagem. Mas em Genebra, em outubro, ela anuncia-lhe brutal e definitivamente que nunca será sua.

Mortificado, Honoré renuncia à aventura italiana e ganha o caminho de Paris. Sofre muito. Não entende a atitude dessa mulher que está decidida a enlouquecê-lo de desejos para em seguida infligir-lhe essa decepção sem volta. Rumina a sua humilhação e o seu rancor. No ano seguinte, permite-se uma vingança intitulada *A duquesa de Langeais*.

Por que Antoinette de Navarreins, duquesa de Langeais, também se recusa implacavelmente a ceder ao desejo do bom Montriveau, que ela suscita com tanta arte? Impiedoso, o romancista atribui a Antoinette uma verdadeira incapacidade psicológica em buscar o amor sensual... "É preciso acreditá-la virgem, senão ela seria horrível demais", escreve. Virgem? Antoinette, no entanto, é casada. Com um velho, é verdade... O mistério de Antoinette não será resolvido. "Pela honra do Faubourg Saint-Germain, é preciso não revelar os mistérios das suas alcovas, nos quais queriam tudo do amor, menos que pudessem atestar o amor", diz cruelmente o romancista. Entretanto, rejeitada por Montriveau, que teve a terrível coragem de romper a relação, começará enfim a amá-lo!

A revanche privada é cruel. A marquesa de Castries teria pagado pelas suas recusas entrando para a documentação balzaquiana. "Tudo vai para o estômago", diz o provérbio popular; com Balzac, "tudo vai para a obra". O romance comporta também uma mensagem política. Por meio desse personagem feminino, no fundo bastante patético, Balzac quis simbolizar e pintar uma aristocracia ultrapassada, imobilizada, egoísta, incapaz de compreender que os tempos mudaram e que, por isso, está condenada ao esquecimento. Se o homem Balzac deixou-se fascinar pelo Faubourg (até cogitou em apresentar a sua candidatura a deputado pelo partido legitimista), o escritor, por sua vez, permanece de uma lucidez inexorável.

Quanto à sua decepção amorosa, consola-se logo nos braços de uma certa Maria du Fresnay, a qual dá à luz, no fim de 1833, a uma criança que ninguém duvida ser de Balzac.

De *Eugénie Grandet* a *O pai Goriot*

Da aventura na Savoie, Balzac trouxe um outro romance, *O médico rural*, que diz muito sobre as ambições que ele atribui à sua obra.

O livro coloca em cena um médico, Bénassis, que vem, por razões misteriosas (descobriremos que se trata, obviamente, de um drama amoroso...), morar em uma cidadezinha perdida na montanha. A sua intenção é começar uma grande obra filantrópica de progresso social. Ele organiza a luta contra o cretinismo que se alastra na montanha, esforça-se para desenvolver a indústria local, para trazer essas populações miseráveis e grosseiras à prosperidade. O leitor aprende inúmeros detalhes práticos sobre todos esses assuntos, assiste a longas conversas que insistem nos perigos do sufrágio universal e fazem apelos às elites regeneradas. *O médico rural* é um verdadeiro tratado político. Por meio dessa utopia sobre uma cidadezinha, Balzac expõe a sua doutrina, defende uma espécie de conservadorismo esclarecido, segundo o qual a religião deve moralizar o povo enquanto a administração sábia dos dirigentes deve assegurar a este bem-estar suficiente para que não pense mais em se revoltar.

Voltaremos às idéias políticas do escritor. O que podemos notar, por enquanto, é que, com essa estréia das futuras "Cenas da vida rural", afirma-se nele a ambição não apenas de descrever a sociedade como ela é, mas de indicar os remédios aos males do quais ela sofre. O romancista não é apenas um contador de histórias, é um pensador. Sim, decididamente, o romance é um negócio sério.

O médico rural, ao qual Balzac dá tanta importância, peca por certo excesso metódico. É comum os escritores se mostrarem obstinadamente ligados a uma das suas obras que todos são unânimes em considerar menos bem-sucedida.

Seja como for, nesse mesmo ano de 1833, Balzac trabalha em um outro romance que lhe dará muito mais glória:

> Há, em algumas cidades de província, casas cuja visão inspira uma melancolia igual à provocada pelos claustros mais sombrios, pelas charnecas mais monótonas ou pelas ruínas mais tristes. Há talvez nessas casas simultaneamente o silêncio do claustro, a aridez das charnecas e as ossadas das ruínas: a vida e o movimento são ali tão tranqüilos que um forasteiro as julgaria desabitadas, se não topasse, de repente, com o olhar pálido e frio de uma pessoa imóvel cujo rosto quase monástico espia pela vidraça ao ouvir rumor de passos desconhecidos...

Com *Eugénie Grandet*, Balzac lança uma das suas obras mais célebres e que, aos olhos da posteridade, o simboliza por inteiro. Sem dúvida, essa fama se explica pelo fato de o romance ter feito e ainda fazer parte do programa de leituras escolares. Mas é desde a primeira publicação que se tornou um sucesso. Muito tempo depois, o romancista se irritará por ser muito exclusivamente apresentado como "o autor de *Eugénie Grandet*".

As primeiras linhas do romance, citadas acima, não são apenas um dos *incipit* mais surpreendentes e típicos da maneira balzaquiana. São também os primeiros acordes daquilo que será a visão da província no conjunto de *A comédia humana*.

Balzac conhece bem a província. E sempre se interessou por ela. Foi nela que nasceu e cresceu. Através dos falatórios do seu pai, que era uma pessoa importante em Tours, onde, como mencionamos, foi vereador, Balzac pôde descobrir muito cedo as intrigas, os personagens típicos. A seguir, passou uma temporada em Bayeux, na casa da sua irmã Laure. Freqüentou Angoulême e retornou sempre à Touraine. Ali, assim como em Villeparisis, localidade um pouco perdida do departamento de Seine-et-Marne, absorveu o mundo camponês. Depois de ter se tornado conhecido pelos seus quadros parisienses, é natural imaginar a continuação com "Cenas da vida provinciana". Faz parte do seu estilo enciclopédico. Além do mais, ele não duvida de que a vida provinciana possa constituir uma jazida para um romancista.

Extraordinária e inexplorada. Podemos dizer, sem exagero, que com as primeiras linhas de *Eugénie Grandet* a província francesa entra, pela primeira vez, na literatura. Balzac é o inventor da província francesa, assim como Nicolai Gogol é o inventor de São Petersburgo: ou melhor, descobridor. O que não foi visto pelos artistas tem apenas uma existência vegetativa; é nas obras de arte que o real passa a ter significado.

A província voltará, sem parar, de romance em romance, sempre de maneira muito precisamente situada. As suas viagens ao exterior não alimentaram tanto as suas obras. Veremos Balzac percorrer a Suíça e a Itália, a Alemanha e a Polônia. Conhece Genebra, Viena, São Petersburgo, Berlim, Dresden, Nápoles, Roma... Mas o cosmopolitismo das classes abastadas, o gosto pelo turismo que Mérimée pela primeira vez evocará em *Colomba*, num registro satírico, nada disso o inspirou verdadeiramente. Está no seu chão nas ruelas de Paris, nas lojas do Marais, nos palacetes do Faubourg Saint-Germain. Está no seu chão nas cidadezinhas francesas, onde legitimistas e liberais medem forças, nos castelos e nos salões freqüentados por eclesiásticos intrigantes, presidentes de tribunais, candidatos a deputado, jovens em busca de casamento, apaixonados secretos; lugares de uma civilidade ao mesmo tempo refinada e sufocante, onde se joga *whist* calculando o montante de um dote ou de uma renda, onde a cortesia e a elegância das trocas de opiniões dissimulam flechas envenenadas, ódios cultivados e temidos.

Tudo isso já foi anunciado nessas poucas linhas sonoras que abrem *Eugénie Grandet*: o silêncio, os dias lentos, o aborrecimento no terreno em que crescem as fofocas e pequenas intrigas, o desenrolar morno das vidas comuns, confinadas, sem perspectiva de evasão, determinadas antecipadamente pelas condições sociais e familiares do meio. Essa cabeça indistinta apercebida por trás de uma vidraça é a primeira figuração de um universo que continuará a inspirar romancistas posteriores a Balzac: é a mesma província de

Gustave Flaubert, de Marcel Proust, de Anatole France, de François Mauriac, de Georges Simenon, de Julien Green.

Nesse cenário tranqüilo e morno de Saumur, no coração da velha e sombria casa dos Grandet, escondida por muralhas, aparece – e é talvez também uma estréia no romance francês – a figura de uma mulher incompreendida, sacrificada, cujos ímpetos e aspirações, que ela mesma experimenta com angústia ou exaltação, sem compreendê-los nem dominá-los bem, serão impiedosamente ignorados. Há um feminismo balzaquiano. *Eugénie Grandet* é a história de uma mulher que não teve o direito de viver e escolher (nem falemos em se satisfazer, noção desconhecida na humanidade balzaquiana), submetida do início ao fim à tirania dos interesses do seu pai. Emma Bovary, Thérèse Desqueyroux, Adrienne Mesurat, Elisabeth Donge – mulheres capturadas em um jogo do qual precisam participar sem conhecerem as regras e que parecem ter perdido a partida antes mesmo de tê-la começado – são, para muitos, irmãs atemporais de Eugénie, cujo nome melódico, repleto de suavidade, choca-se com as consoantes prosaicas do sobrenome Grandet.

Falemos um pouco desse pequeno tirano, que, sob a sua autoridade implacável e astuta, esmaga não apenas a própria filha, mas também a mulher e a inesquecível empregada, a grande Nanon, tratada como animal de carga e infalivelmente fiel. Foi dito precipitadamente que o personagem de Grandet era "o protótipo do avaro". É muito mais do que isso.

Em primeiro lugar, Grandet é uma energia e uma inteligência. Uma dessas energias unívocas, típicas da humanidade balzaquiana e freqüentemente pervertida, mas, de qualquer forma, notável: "Se o prefeito de Saumur tivesse levado a sua ambição mais longe, se felizes circunstâncias [...] o tivessem enviado ao congresso em que se tratavam os negócios das nações e ali houvesse se servido do gênio do qual o seu encanto pessoal era dotado, não resta dúvida de que teria sido gloriosamente útil à França", arrisca o romancista. Grandet é um homem cuja vontade de ferro é acompanhada de uma paciência e de uma esperteza fora do comum. Tanoeiro em 1789, compreendeu como tirar partido dos distúrbios revolucionários; apostou em diversas frentes, adquiriu bens públicos, protegeu discretamente os revolucionários ao mesmo tempo em que fornecia víveres às forças republicanas, não sem ter, no tempo em que foi prefeito, "mandado abrir, zelando pelo interesse da cidade, excelentes caminhos que levavam à sua propriedade". Deixa a função sem se arrepender: como Gobseck, outro obcecado pelo dinheiro, despreza a política. Esse homem, superior à sua maneira, sabe por instinto que as paixões se desgastam e que os poderes passam. Entretanto, e sem que ninguém perceba, ele traça o seu caminho com a astúcia camponesa de um homem que sabe que não se deve dizer claramente "sim" ou "não", e muito menos escrevê-lo. Uma característica o descreve por inteiro: assim que começa uma discussão sobre comércio ou dinheiro, começa a gaguejar, a fim de cansar e constranger o seu interlocutor.

Por meio dele, afirma-se a dimensão histórica profunda da obra de Balzac. Não a história fardada, mas a verdadeira, aquela cujos mecanismos condicionam as existências individuais. Sem a Revolução, o Império e a Restauração, a história de Grandet é impossível. As suas ambições – enriquecer e obter um casamento prestigioso para a sua filha – não podem se desenvolver sem eles. Para tanto, é preciso uma sociedade maleável, em que mudar de condição social se tornou amplamente possível, em que todos os sonhos são permitidos. Foi cortada a cabeça de um rei, e a Europa foi sacudida para que um tanoeiro de Saumur pudesse casar a filha com um senhor "de" alguma coisa! Grandet (muito mais do que imagina esse homem prosaico a quem as idéias gerais não tocam nem interessam) é filho do seu tempo. De certa maneira, a sua figura permite compreender o profundo apego dos franceses à Revolução – o mesmo apego dos burgueses à República. Esse sentimento pertence à classe vencedora.

Não são, aliás, apenas os personagens, mas o próprio romance balzaquiano é tributário dessa história e não pode ser concebido sem ela. Em 25 anos, as posições sociais, os proprietários, as patentes, as fortunas mudaram profundamente, desencadeando estratégias, paixões, novos interesses. É a História que apresenta a Balzac, de bandeja, um mundo a ser descrito; se ninguém o fez antes dele, é porque esse mundo não existia.

A *Eugénie Grandet* ele adiciona, no mesmo ano, *O ilustre Gaudissart*, retrato divertido de um viajante comercial, cujo cenário se situa em Vouvray; depois *O cura de Tours*, escrito no ano anterior, ao longo de uma temporada perto de Chantilly com "a Dileta". *A mulher abandonada*, *A mensagem* e *O romeiral* vêm engordar os dois tomos de "Cenas da vida provinciana" publicados em 1833. As duas séries, província e Paris, estão agora destinadas a fazer parte de um conjunto intitulado "Estudos de costumes do século XIX", para o qual assinou um contrato.

A sua vida de escritor ganha, por essa época, o porte que manterá até o fim. Apressado pelas suas eternas preocupações com o dinheiro, corre de um contrato para outro, de uma encomenda para outra. Mas agora sabe que esse trabalho cotidiano leva a uma obra cujas linhas gerais ele vislumbra cada vez mais claramente. É verdade que a crítica o contesta. Os espíritos refinados consideram o seu estilo pomposo, pesado, alternadamente desastrado e pretensioso. Essas críticas ainda lhe são feitas, mas o público o segue, muitas vezes com ardor. A sua correspondência é testemunha desse interesse; nela encontram-se inúmeras cartas de mulheres, tocadas pela justeza com qual fala delas, do casamento, do amor, das paixões.

Ele aspira com prazer esse incenso feminino que sobe na sua direção. Responde com a maior cortesia. Geralmente, também desconfia um pouco: deve tentar conhecer essas correspondentes e correr o risco de topar com loucas ou encalhadas? Foi dessa forma que, para o seu azar, conheceu a sra. de Castries.

Entretanto, no dia 28 de fevereiro de 1832, uma admiradora lhe escreveu de Odessa, o que por si só já era lisonjeiro: quer dizer então que é conhecido até à beira do mar Negro! Essa correspondente assinava romanticamente "a Estrangeira" e testemunhava-lhe uma verdadeira veneração.

E essa carta o aprisionou...

Mil oitocentos e trinta e quatro é ainda um ano de produção intensa e variada. Escreve *Seráfita*, cedendo ao seu demônio filosófico e espiritualista. A sua obra deverá abordar tudo, o seu quadro conter tudo, refletir as realidades terrestres mais prosaicas e, simultaneamente, aventurar-se além desse mundo, no invisível. O ser que dá nome ao livro é um ser duplo, um andrógino, a meio caminho entre o homem e a mulher, a meio caminho também entre o terrestre e o divino. Sob a forma masculina (Serafitus), fascina uma moça filha de pastor, Minna; ao mesmo tempo, por meio de uma encarnação feminina, exerce a sua atração sobre Wilfrid, o namorado de Minna. Mas Serafitus-Seráfita repelirá ambos, tendo transcendido os apelos da carne. Se ele seduz criaturas humanas, é para fazê-las tomar consciência dos limites terrenos, da imperfeição humana e fazê-las aspirar a um mundo ideal.

A intriga se passa na Noruega. Neve e pinheiros. O público não aprecia muito. A veia espiritualista de Balzac resulta em um simbolismo simultaneamente difuso e pesado, que não convence. O romancista, por sua vez, está persuadido de que é o seu livro mais importante. É pelo menos o que afirma na sua dedicatória a Ève Hanska... mas não nos precipitemos.

A história dos Treze, que é uma trilogia, confirma outro *hobby* seu: as sociedades secretas. A sua visão do universo social, já o dissemos, é assombrada pelas forças escondidas que ali atuam de maneira por vezes mais decisiva do que os procedimentos ou eventos visíveis. A idéia de um pacto clandestino, selado entre diversos homens, a fim de conquistarem juntos, solidariamente, a influência e o poder, agrada o seu apetite de sucesso e dominação. O seu pai fora maçom.

Um pouco mais tarde, com alguns amigos, ele mesmo fundará um clube secreto chamado "Cavalo vermelho", destinado a assegurar aos seus membros, em curto prazo, uma hegemonia exclusiva sobre a imprensa e o mundo literário. Parece que foi o único a acreditar nisso mas, sem dúvida, não por muito tempo.

Pouco conclusivo na realidade, o tema das sociedades secretas também o é no romance. Imaginamos os conjurados tramando estratégias de poder, provocando falhas, fazendo ou desfazendo sucessos ou reputações... No entanto, nada fazem além de se ocupar com algumas histórias de mulheres. Se o tríptico de *A história dos Treze* é interessante, é por outras razões. A figura de um De Marsay, temido e ambicioso, o grande homem de poder de *A comédia humana*, impenetrável e cínico, que reaparecerá em outros romances, destaca-se nesse pano de fundo em que se adivinham bastidores obscuros. Afinal, se os Treze fascinam, é talvez precisamente porque não conhecemos tudo das suas manobras... É preciso observar também que mais tarde, ao criar o personagem Vautrin, Balzac voltará ao tema do poder oculto, que atrai, aliás, outros romancistas do seu tempo: Edmond Dantès transformado no Conde de Montecristo e Jean Valjean reaparecendo na pele do imponente e bom sr. Madeleine são, na opinião de alguns, irmãos de Vautrin. Nesse sentido, *A história dos Treze* funciona como um pólo magnético indispensável ao universo balzaquiano.

A menina dos olhos de ouro (terceira narrativa da trilogia, depois de *Ferragus* e *A duquesa de Langeais*) revela outro traço do romancista: o seu interesse pelas formas mais diversas, e por vezes mais misteriosas, da sexualidade e do erotismo. Amante de uma cortesã chamada Paquita, Henri de Marsay percebe que essa moça sedutora o engana com a marquesa de San-Réal, figura venenosa que parece fruto da imaginação de Laclos. Ora, De Marsay é levado a descobrir que a marquesa de San-Réal não é outra senão a sua própria meia-irmã. Paquita, sendo amante de ambos, foi de alguma forma fiel ao sangue, ou apaixonada pelo mesmo ser sob duas formas...

A busca do absoluto é uma outra obra forte concebida nesse momento. O tema da idéia fixa, da paixão exclusiva e devastadora, ilustrado de maneira prosaica no velho Grandet, encontra-se aqui no espírito científico. O personagem principal, Balthazar Claës, inspirado na existência de Bernard Palissy, sonha em descobrir a substância comum a todas as matérias e a todos os reinos, mineral, vegetal, animal. Em nome dessa pesquisa, à qual sacrifica tudo, leva a sua família à ruína antes de gritar *Eureca!* No momento da sua morte...

Claës é, de certa maneira, irmão dos dois artistas fulminados retratados por Balzac. Frenhofer, o pintor, herói de *A obra-prima ignorada*, sempre insatisfeito na busca da beleza ideal, acaba por nada deixar na sua obra a não ser uma concentração de cores informes em que se distingue um pé. Gambara, por sua vez, o músico do romance homônimo, coloca na cabeça a idéia de descobrir as leis universais da harmonia. Esses personagens levam a energia e a vontade a tal ponto de sublimação e de incandescência que acabam destruídos por elas.

O homem tem a presciência do seu destino? Temos a sensação de que Balzac descreve esses infelizes, devastados por uma idéia poderosa demais, com um fascínio que é também um terror. Continuamos pensativos ao compará-los com o destino de Balzac, que morreu nocauteado aos pés da obra inacabada que tudo lhe tomou... E como não ver inscritas no nome de Balthazar Claës as letras que compõem o de Balzac?

Eis ainda um Balzac obstinadamente romanesco ou romântico, apaixonado pelo mistério sob todas as formas, quer ele provenha de mundos invisíveis, das conjurações humanas ou da loucura engendrada pelo sonho do absoluto.

Mas, ao mesmo tempo, ressurge o outro Balzac, o romancista do mundo tal como ele é, o romancista de Paris, que descobre o avesso do visível quando não mais o procura, no coração da realidade mais banal. Mil oitocentos e trinta e quatro é o ano de uma obra-prima: *O pai Goriot*.

Será preciso rememorar os temas e os personagens desse romance, um dos mais poderosos e sombrios do autor? A feia e triste pensão Vauquer, na montanha Sainte-Geneviève. O iniciante Rastignac, provindo de uma arruinada nobreza provincial. A presença quase clandestina e as intrigas de Vautrin, que se interessa por ele por razões pouco confessáveis. E ainda o velho Goriot, o fabricante de massas enricado que aceita uma vida de privações e solidão em proveito exclusivo das suas duas terríveis filhas, uma figura invertida, enfim, do velho Grandet. A sua morte miserável, patética, que desencaminha para sempre Rastignac.

O pai Goriot é um grande romance de Paris, a Paris dos dramas escondidos, dos devotamentos desconhecidos, das ignomínias humanas desapercebidas... A Paris leprosa do bairro dos estudantes, a prestigiosa do Faubourg Saint-Germain, a barulhenta dos negócios, a de Chaussée-d'Antin – aqui, os novos ricos; lá, a velha aristocracia –, onde mulheres elegantes, belas, aduladas vão do seu amante ao agiota.

A sacada de gênio foi ter imaginado uma intriga que, a cada página, faz o leitor circular de cima a baixo, da riqueza e do luxo à mediocridade e ao incômodo, do brilho dos salões e das ceias à mesa de "mamãe Vauquer", do banqueiro Nucingen, coberto de ouro e cercado de prostitutas, ao banido fugitivo Vautrin.

Balzac cria uma das figuras mais significativas de *A comédia humana* com Eugène de Rastignac, que, ao longo da famosa cena em que contempla Paris do alto do Père-Lachaise, opta definitivamente pelo cinismo e pela ambição. Cruzaremos freqüentemente com Rastignac ao longo de *A comédia humana*. Depois da sua longa relação com Delphine de Nucingen, casa-se com a filha dela, Augusta – uma mina de ouro. Enquanto isso, torna-se o amigo de todos os leões e dos dândies em voga, De Marsay, Du Tillet, Ajuda-Pinto, assim como dos jornalistas sarcásticos e cínicos, Bixiou, Lousteau etc. O sedutor, o perigoso Rastignac acabará ministro. Nada, aliás, é unívoco e caricatural: esse ambicioso sabe também ser um amigo devoto. Testemunharemos o seu esforço para ajudar, à sua maneira leviana e cínica, Raphaël de Valentin, reduzido à miséria (*A pele de onagro*).

E, com relação a *O pai Goriot*, isso não é tudo. "Cumprimentem-me, porque estou simplesmente virando um gênio!", lançou Balzac à sua irmã Laure, um pouco antes. Do que se trata? Da grande descoberta do romancista, utilizada pela primeira vez nesse romance: o retorno dos personagens.

Ao que parece, foi ao colocar em cena a sra. de Beauséant, retratada três anos antes em *A mulher abandonada*, que Balzac captou todo o interesse desse procedimento. Ao supor que podia ser estendido a dezenas de outros personagens, imagina perspectivas vertiginosas. As "Cenas" parisienses, provinciais ou do campo não serão mais séries de quadros autônomos, mas aberturas para um mesmo mundo. De romance em romance, encontraremos tal ou tal figura, ficaremos sabendo sobre uns e outros aquilo que ainda não sabíamos. O médico, o tabelião irão de família em família, como na realidade. Haverá dezenas de romances, cada um com a sua unidade e podendo ser lido independentemente, mas todos movimentarão a mesma sociedade, o mesmo mundo, composto pelos mesmos seres, com nobres, burgueses, lojistas, jornalistas, festeiros, cortesãs, eclesiásticos, vivendo todos uma só vida e levados a se relacionar e a se encontrar.

Tudo isso, é claro, ocasionará uma certa desordem: o leitor conhecerá determinada parte da vida de um personagem e só descobrirá depois o que a precedeu. Mas, afinal, não é dessa forma, conforme Balzac explicará à sra. Hanska, que conhecemos os protagonistas da vida real? No prefácio de *Uma filha de Eva*, fala sobre isso de maneira extraordinária: "Você só pode contar cronologicamente a história do passado, sistema inaplicável a um presente em curso". Será que o romancista desconfia que essa visão fulgurante de uma obra em movimento perpétuo o condena, ao mesmo tempo, a nunca terminá-la?

A descoberta tem uma outra conseqüência. Os romances já escritos quando Balzac imagina o seu sistema deverão ser retocados a fim de se integrarem ao conjunto; ele precisará pensar em meios de fazer reaparecer os personagens já criados. Daqui para frente, na medida em que as obras forem reeditadas, Balzac vai cumprir a tarefa de reescrever, de mudar nomes ou papéis. Pouco a pouco, a rede de imbricações e relações entre centenas de personagens se estenderá e se enriquecerá. Ao romancista, cabe a tarefa de zelar pela coerência do conjunto, raramente, porém, exposto a problemas. Jogo inteligente, pois se trata de criar tipos representativos e, conseqüentemente, evitar que personagens sejam duplamente utilizados. É conveniente, também, que cada um deles conserve a sua individualidade. Assim, Birotteau representa o pequeno comerciante; ao mesmo tempo, ele é César Birotteau e mais ninguém. Simultaneamente típico e singular. O panorama conjunto deverá dar a impressão de uma multidão de seres em movimento, ocupados com os seus negócios, as suas paixões, as suas intrigas, ou seja, com todas as nuances infinitas de seres reais.

Certamente esse procedimento, que em primeiro lugar constitui a singularidade e a profundeza do mundo de Balzac, empresta-lhe complexidade e um relevo incomparáveis. Cada volume é uma janela aberta para um mesmo universo, segundo perspectivas múltiplas. Cada romance é um fragmento de um enorme e único romance em que centenas de histórias e de destinos se entrecruzam. Os protagonistas de primeiro plano de um romance aparecem como figurantes em outros. Aos olhos do leitor, cada personagem, por aparecer fora do romance em que o encontrou pela primeira vez, dá a impressão de ter vida própria, antes e depois... A lembrança que guardamos do mundo balzaquiano é a de um mundo em três dimensões.

Tudo isso com uma amplitude que impressiona: dos mais de dois mil personagens que *A comédia humana* comporta, divididos em uma centena de romances, novelas ou contos, cerca de 600 reaparecem pelo menos uma vez. Estudos detalhados encontraram, é verdade, certos anacronismos, contradições de idade... Um estudo preciso mostra, em *A pele de onagro*, levando-se em conta as datas da ação, um Rastignac pouco coerente com aquele de *O pai Goriot*. Mas é preciso olhar de perto para dar-se conta: no essencial, é exatamente o belo Rastignac, ambicioso e cínico, que guardamos na memória.

Essa descoberta terá uma outra conseqüência. Pouco a pouco, Balzac vai se afundar no seu mundo e viver com os seus personagens. Atribui-lhes nomes descobertos ao acaso durante seus passeios, explicando que um personagem de romance tem mais existência se é provido de um sobrenome realmente usado. "Encontrei *Matifat*, na Rue de la Perle, no Marais", explica em uma carta à irmã. "Eu já estou vendo o meu Matifat! Terá uma cara pálida de gato, uma robustez..." Desde já o "seu Matifat" torna-se bem mais real do que o parisiense desconhecido que assim se chamava. Balzac convive agora com os seus personagens, nunca os deixa de lado. "Estou indo para Alençon, onde mora a srta. Cormon!", declara um dia. Em cartas comenta os fatos ocorridos nos seus livros como se fossem reais: "Você sabia com quem Félix de Vendenesse vai se casar? Uma moça da família Grandville. É um excelente casamento, os Grandville são ricos...". Outra vez, responde gravemente à irmã, que lhe pergunta informações sobre um personagem secundário de *Ursule Mirouët*: "Não tive a oportunidade de conhecer o sr. de Jordy antes da sua chegada a Nemours". Balzac penetra numa floresta da qual não mais sairá.

Os tempos da "Estrangeira"

Entretanto, em fevereiro de 1834, em Genebra, Balzac tornou-se amante da sra. Hanska.

Precisamos voltar no tempo, para aquela existência apressada, agitada, quando Balzac vai de um romance a outro, de uma mulher a outra, de um credor a um editor, essa vida cheia de problemas que o esgotará precocemente.

Mencionamos uma misteriosa "Estrangeira" cuja carta, dois anos antes, atraiu a sua atenção. Uma segunda missiva chegou a ele dois meses depois, em novembro, sugerindo-lhe que acusasse o recebimento da mesma por um anúncio codificado no jornal *La quotidienne*. Tendo Balzac cumprido essa tarefa, a sua correspondente indicou a maneira de lhe escrever, caso o desejasse: com um envelope duplo endereçado à governanta da sua filha.

Balzac envolveu-se nesse jogo romanesco, é o mínimo que podemos dizer: "Eu a amo, desconhecida...", confessa na terceira carta.

Nesse momento, a desconhecida se revela. Nasceu em 1801, na aristocracia da Ucrânia polonesa. O seu nome de solteira é Rzewuska. Casou-se com o rico conde Wenceslas Hanski, proprietário do castelo de Wierzchownia, um domínio de 21 mil hectares, povoado com 3 mil servos... Dos cinco filhos do casal, quatro morreram. Sobrou uma filha, Anna.

Balzac está fascinado. Tudo o que ela lhe diz sobre a sua obra o toca. Pouco a pouco, as cartas se tornam o diário da vida cotidiana do escritor: escreve-lhe sobre seus trabalhos incessantes, confia-lhe os seus problemas (o insucesso de *Louis Lambert*, em 1833). Por vezes, trai um pouco de pretensão: "Atribua, senhora, as coisas que vão chocá-la nas minhas obras à necessidade que nos obriga a surpreender fortemente um público já *blasé*...". Ou em um registro mais pessoal:

> Fui pego vivamente por trabalhos estafantes e por desgostos violentos. É preciso calar tanto o desgosto quanto os

trabalhos. Apenas Deus e eu saberemos a assustadora energia que um coração precisa ter para estar cheio de lágrimas reprimidas e satisfazer-se com trabalhos literários [...]. Já havia suportado esses encarceramentos voluntários em nome da ciência e da pobreza; hoje, os sofrimentos são os meus carcereiros.

Ela, por sua vez, fez uso das suas relações com poloneses de Paris para saber um pouco mais sobre ele. É verdade, como se diz, que Balzac é um mundano, festeiro e perdulário? E quem é exatamente essa marquesa de Castries, atrás de quem ele correu em vão? Ela não hesita em lhe pedir explicações. Balzac se submete, se justifica. Retrata-se como um homem austero e estudioso, um verdadeiro monge.

Depois de um ano de correspondência, enfim decidem se encontrar. A sra. Hanska convenceu o marido a fazer uma viagem à Suíça, em Neuchâtel. Balzac é convidado a ir. Chega no final do mês de setembro de 1833. O encontro arranjado por um amigo em comum se dá na presença do marido. Evelyne Hanska (que ele chama de Ève nas suas cartas) contempla com surpresa esse homem pequeno e redondo, com espessos cabelos castanhos. Nada de loucamente sedutor à primeira vista. Mas, enfim, trata-se de Balzac, romancista de sucesso, romancista francês, numa época em que a língua e a literatura francesas gozam, por todos os lugares, de um prestígio inabalável. E depois, como outras antes dela, vai rapidamente se deixar envolver pela sua eloqüência, sua graça, seu humor.

Quanto a ele, imediatamente acha-a bela e desejável. Dedica-lhe uma adoração de adolescente, um desejo de homem, um devaneio de poeta. E que estremecimento causa esse segredo dividido entre os dois de um lado a outro da Europa!

Ele deverá, entretanto, esperar. "O maldito marido não nos deixou um só segundo durante cinco dias", escreve à sua irmã. "Ele ia da saia da mulher ao meu colete."

Os amantes encontram um meio, entretanto, de trocar um beijo. E separam-se com a promessa de se reencontrarem no início do ano em Genebra.

É ali, em 26 de janeiro, que enfim ela cede aos avanços insistentes de Honoré, que já está cansado da presença do marido. Ela arranjou uma maneira de encontrá-lo no seu quarto. Descobrem-se com êxtase. Ele lhe escreve no dia seguinte de manhã com uma agradável falta de jeito: "Dormi como uma pedra, estou encantado e a amo como um louco". O conde parece não suspeitar de nada. E quando, mais uma vez, é preciso se separar, Balzac vai embora com a tarefa de manter uma dupla correspondência. Por um lado, o senhor de Balzac escreverá ao casal, como manda a boa educação; por outro, Honoré, com muito mais freqüência, escreverá àquela a quem ama, graças à cumplicidade de uma criada de quarto. E depois, esperam que o velho marido morra, o que é imoral como o amor e divertido como um vaudevile.

Balzac está sinceramente apaixonado. Sonha. Ela é bela, admira-o... é uma aristocrata polonesa e eles têm milhares de hectares!

Isso não impede o realista de experimentar prazeres menos longínquos. Não está tão solitário assim em Paris. Alguns meses depois da viagem a Genebra, nasce Marie-Caroline, suposta filha de Balzac e da sra. du Fresnay, já mencionada. No ano seguinte, encontra a condessa Guidoboni-Visconti, que na realidade é inglesa e chama-se Sarah Lovell. Tem trinta anos. É bela, provocante, tem os cabelos loiros acinzentados. Também tem um velho marido, mas totalmente complacente. Aqui também haverá um filho, Lionel-Richard, que morrerá em 1875 e que Balzac considera seu. O idílio entre Sarah e Honoré, que continua amigo do casal, vai durar muito tempo. No auge dos seus problemas financeiros, eles o ajudarão, chegando ao ponto de escondê-lo na sua casa da Champs-Elysées.

A história de amor entre Balzac e Ève Hanska permanece uma das mais surpreendentes da história da literatura. Ninguém duvida que o escritor seja sincero, completamente apaixonado pela Estrangeira, a quem, durante anos, vai escrever centenas de cartas nas quais conta tudo: as suas esperanças, os seus trabalhos, as suas preocupações... É verdade que mente um pouco, esforça-se para esconder as suas aventuras – os biógrafos encontraram tudo o que precisavam saber a respeito. Apesar de tudo, as cartas de Balzac à sra. Hanska são as de um homem profundamente apaixonado.

Ao mesmo tempo, é uma surpreendente história de amor vivida essencialmente por escrito. A história deles dura dezenove anos. Durante esses dezenove anos, apenas se encontram cinco ou seis vezes, com intervalos enormes, de até sete anos. O que é um amor que não se alimenta da presença física, de momentos compartilhados? Durante sete anos?

Porém, eles se acostumam. Deve ter algo ali que lhes convém. Um acréscimo de alma e de vida, com uma pitada de fictício, ao passo que a vida real segue o seu rumo. De resto, a atitude de Balzac em relação ao amor é ambígua. Por um lado, inflama-se, procura desesperadamente a mulher ideal. Por outro, está sempre pronto para alguma aventura fácil. O romancista, por sua vez, parece não ter ilusão alguma quanto ao amor... Conclusão: o escritor e o homem são dois seres diferentes... A obra de Balzac não é nada "romântica" no sentido emocional do termo. Todas as realidades do amor e da sexualidade são nela retratadas, da estranha incapacidade sexual de Antoinette de Navarreins à intrepidez de Diane d'Uxelles, que coleciona amantes, passando pela ciência sensual das cortesãs... Evocamos acima o estranho tema de *A menina dos olhos de ouro*, a cortesã apaixonada ao mesmo tempo pelo meio-irmão e pela meia-irmã. Em diversos outros lugares, o romancista revela a sua curiosidade sobre as fantasias do amor sexual, sobre as suas extravagâncias e, algumas vezes, os seus paradoxos. Assim, em *Massimila Doni*, trata de um sentimento singular: a oposição entre o sentimento amoroso e o apetite carnal. O herói é impotente diante da mulher que ama e consegue o que quer diante da cortesã. Ao ponto de a bem-amada, compreendendo o que lhe resta a fazer, tomar o lugar da mulher da vida para ajudar o amante a ultrapassar o obstáculo.

Há também, em Balzac, representações explícitas de homossexualidade, masculina e feminina, e até mesmo o caso de zoofilia de *Uma paixão no deserto*. Ninguém, em suma, é menos santo do que ele. A sua obra propõe tudo, revela tudo. E, entretanto, não tem nem o culto do sexo, nem o do amor. Para ele, essas representações são dados reais, cordéis da marionete humana. Não sente necessidade alguma de injetar um pouco de lirismo. Quanto às grandes paixões, aos grandes sentimentos, estes levam apenas, na sua obra, a cruéis desilusões, ou até a catástrofes. O amor louco, ideal – aquele que a ingênua Eugénie sente pelo seu primo Charles, por exemplo –, é, na maioria das vezes, considerado uma doce ilusão que não se sustenta diante das realidades decisivas do casamento e do dinheiro. Os homens, na obra de Balzac, freqüentam cortesãs pelo prazer e se esforçam para conquistar amantes que sejam, de preferência, mulheres ilustres da sociedade. Quando ficam velhos, revelam-se tarados. Idealista aos vinte anos, cínico na idade madura, o homem culmina a sua carreira na pele de um velho nojento. A vida conjugal? Uma atrelagem, que pode ser tranqüila, ou até frutífera, mas da qual não há nada a esperar em matéria de exaltação sentimental ou sensual. É a lição das *Memórias de duas jovens esposas*.

A partir do encontro com Ève Hanska, a vida de Balzac torna-se, por assim dizer, monótona. As circunstâncias não mudarão mais. É uma vida bem ocupada, estafante até, mas reduzida a alguns termos simples. Sonha em viver com a Estrangeira. Mas é preciso esperar que ela fique viúva e, depois, para ser digno dela e lhe oferecer no devido momento a existência que ela merece, é preciso saldar as suas dívidas. Depois do que, não tem dúvidas, a sua obra lhe trará riqueza e glória.

"Sempre chega uma idade em que a vida não passa de um costume exercido em um meio preferido", é dito em *Gobseck*, "A felicidade consiste então no exercício das nossas faculdades aplicadas a realidades." A máxima do velho usurário, para muitos, se aplica ao romancista durante os quinze anos que lhe restam viver. Ève, a busca ao dinheiro, os romances a serem entregues, os credores que deve acalmar ou evitar... Não ocorrerá mais muita coisa. Por um lado, os sonhos de fortuna, de casamento magnífico, de êxito profissional sólido e durável. Por outro, a realidade cotidiana: um trabalho contínuo, as provas tipográficas, os contratos, as batalhas no teatro, na imprensa, na edição.

Há um Balzac que sonha: palacete, carruagens e adereços, criados, rendas, honras oficiais... E ainda há esse outro, o louco da escrita, acorrentado à sua obra. Duas linhas paralelas que ele gostaria de ver convergirem mas que, como em matemática, só se encontram no infinito. As imagens do sucesso e da opulência são cruelmente desmentidas, dia após dia, pela realidade, nesse estranho drama da sua vida.

Amigos e testemunhas descrevem o Balzac desses tempos. Algumas vezes, de humor mundano e alegre, faz-se passar por dândi, ostenta uma elegância chamativa. Zombam de bom grado do seu mau gosto, da sua famosa bengala com o suporte de mão cravejado de turquesas que lhe custou 700 francos, das suas roupas confeccionadas por Buisson, o alfaiate mais chique de Paris. Ridiculamente vestido, dizem que se parece com um ovo de páscoa. Tem gosto pelo luxo e ainda acha que, para se impor na sociedade, é conveniente não parecer atarefado. Esse Balzac entusiasta e contente de viver, sempre repleto de projetos, adora ver os seus amigos e se mostra um conviva alegre: uma centena de ostras e quatro garrafas de vouvray não o assustam, depois do que ele ainda é capaz de escrever por duas ou três horas a fio.

E depois, em outros dias, surge um outro Balzac, tão ocupado com o seu trabalho que não se cuida. O livreiro e editor Werdet, que publicou inúmeras obras suas, descreve-o ao longo de um passeio por Paris, com um paletó marrom, calças grandes e mal ajustadas, sapatos sujos, chapéu deformado, barba há dias por fazer. O seu uniforme de trabalho também é célebre: é o famoso hábito de monge de flanela branca, amarrado na cintura. É maníaco com relação ao trabalho: os seus papéis, as suas plumas, a sua roupa de monge, tudo deve estar impecável e ordenado. Enfim, alternadamente monge e guloso, só conseguindo viver no excesso, há nele algo que evoca Rabelais – aquele Rabelais que é um dos deuses do seu panteão íntimo.

Todos se impressionam com o poder que emana desse homenzinho cuja corpulência só aumenta. Com o seu riso imenso, as suas ingenuidades, os seus exageros, mantém algo obstinadamente sólido e equilibrado. Tem a robustez camponesa e a estabilidade típica de Tours. É um francês da região do Loire, e, para quem conhece essa região, isso diz muito. A literatura francesa, bastante centralizada em Paris no que diz respeito ao sucesso e à glória, não cessou de se alimentar do espírito da província. Rabelais, Corneille, Diderot, todos oriundos da província, dividem o bolo com os parisienses puros, Molière, Voltaire, Anatole France. Sem essa base, que contrabalança os seus sonhos românticos e as suas preocupações financeiras, temos a impressão de que Balzac teria enlouquecido. Está sempre na corda bamba. Quando vemos o Balzac de camisa aberta, que o daguerreótipo de Louis-Auguste Bisson imortalizará em 1842 (e que freqüentemente é atribuído a Félix Nadar), com a mão orgulhosamente colocada sobre o coração, o olhar firme e pensativo, a testa marcada por uma ruga vertical, achamos que está bem. Sentimos que aquele homem ali agüentará firme, seja lá o que empreender.

Rodin, elaborando a sua efígie algumas décadas depois, será sensível a esse lado telúrico e sólido. Modelou um Balzac nu, com os braços cruzados, a pança para frente. É essa anatomia que depois será revestida pela famosa toga, para chegar àquela silhueta inesquecível que se parece com um monstruoso tronco de árvore.

Sem essa robustez evidente e excepcional não haveria *A comédia humana*. Trabalha quinze ou dezesseis horas por dia, empanturrando-se de café, dividindo-se entre os capítulos dos folhetins a serem entregues e as provas tipográficas a revisar. Essas famosas provas, às quais ele sente a necessidade de voltar seis ou sete vezes para mexer no seu texto, acrescentar, suprimir, mudar de lugar, são ao mesmo tempo o pesadelo dos tipógrafos e uma fascinação. Essa corporação de trabalhadores, freqüentemente autodidata, apaixonada pelo saber, que transmite com cuidado zeloso as suas tradições e o seu imenso respeito pelo trabalho bem feito, vai se lembrar de Balzac enquanto ela continuar a existir. Muitos desses trabalhadores compareceram, ao que parece, ao seu enterro.

É preciso acrescentar a essas diversas facetas a de um Balzac depressivo, aniquilado pelas preocupações com dinheiro. Por vezes, a sua vida o sobrecarrega e o desencoraja. Laure Surville o descreve:

> Às vezes chegava se arrastando, aborrecido, esgotado, amarelado e com olheiras... Eu fazia o que era preciso para tirá-lo da sua tristeza... Ele me dizia, com uma voz apagada, caindo numa cadeira: Não me console, é inútil, sou um homem morto. (...)

Depois de um momento, ele retoma o autocontrole, põe-se a fazer projetos, não tem mais dúvidas de que encontrará um banqueiro generoso que irá ajudá-lo. Sim, é isso aí, vai encontrar um mecenas, alguém que passará uma esponja em tudo, que o protegerá. "Dizer: 'Eu salvei Balzac!' é algo para se vangloriar."

Em 1835, no ano de *O contrato de casamento* – um romance bastante sombrio no qual duas mulheres, uma mãe e a sua filha encantadora, ocupam-se em "caçar" um herdeiro órfão, tão fraco quanto rico, defendido a duras penas por um devotado tabelião –, o escritor organiza um retiro na Rue des Batailles, em Chaillot (atualmente Avenue d'Iéna), para poder trabalhar em paz e escapar da curiosidade dos seus credores. O local é um charme: vê-se a paisagem de Paris e do Sena. O quarto é bem decorado para abrigar os seus encontros com a bela Sarah. Ele está num beco sem saída, mas conseguiu dinheiro para tudo isso. Exteriormente, o lugar parece simples. É proposital. Há inclusive uma senha para entrar.

Em maio, encontra-se com a sra. Hanska em Viena. No início, as coisas não vão bem. Ela está cada vez mais convencida das suas infidelidades. Por outro lado, essa viagem é, para ele, uma ocasião de embriagar-se com a sua celebridade. Toda a boa sociedade vienense quer encontrar-se com o grande escritor da França. É recebido pelo chanceler de Metternich. Balzac regozija-se com isso.

De volta à França, passa uma nova temporada em La Bouleaunière, perto de Nemours, com "a Dileta"; depois visita os seus amigos Carraud em Issoudun, onde vivem então, e onde situará parte da ação de *Um aconchego de solteirão*.

Ainda duas obras-primas em 1836, em tons bastante diversos: *O gabinete das antigüidades* e *O lírio do vale*.

O lírio do vale é uma história de amor – destinada a permanecer platônica – entre Henriette de Mortsauf, esposa católica e resignada de um velho rabugento da pequena nobreza que voltou à França depois de um período de emigração, e o jovem Félix de Vandenesse, que sem o saber está em busca de uma mãe tanto quanto de uma amante. O romance é escrito na primeira pessoa; Balzac faz com que, anos mais tarde, Félix conte essa história à sua amante, Natalie de Manerville. Revela-lhe como, repelido pela sra. de Mortsauf, conheceu as alegrias do amor nos braços de uma encantadora e frívola inglesa, *Lady* Dudley – um personagem em parte inspirado em Sarah Guidoboni-Visconti. Dessa maneira, nesse romance, que é a história de uma educação sentimental, Félix é, do início ao fim, colocado entre três espelhos femininos. É uma grande obra de arte. Em matéria de construção da intriga e da narrativa, Balzac lança mão de uma inventividade e de uma engenhosidade constantes; varia sem parar de um romance para o outro as suas abordagens, as suas perspectivas, os seus pontos de vista.

No ano anterior, colocou uma nova idéia na sua cabeça: fundar um jornal. Um jornal que funcione pode dar dinheiro, e ele se vê muito bem como magnata da imprensa. Considera que imprensa significa influência. Ele sempre cogitou, e ainda cogita, uma carreira política. Um jornal sustentaria essa ambição. Como sempre, ele encena a fábula de *Perrette e a panela de leite*: já se enxerga jornalista influente, par da França, ministro.

Consegue encontrar investidores, reunir uma equipe de jovens talentosos. É assim que conhece Théophile Gautier, que vai se tornar um dos seus amigos mais íntimos. Os outros são Jules Sandeau, Alphonse Karr, o crítico Gustave Planche. Victor Hugo, pressentindo o desastre, esquivou-se. Durante as poucas semanas que dura a aventura, Balzac publica no seu jornal contos e novelas, artigos políticos.

Em junho de 1836, é preciso parar tudo. As vendas, medíocres desde o início, não pararam de cair. O investimento foi perdido. Balzac, que ainda não se livrou das suas dívidas de tipógrafo, deve agora, no total, mais de 100 mil francos.

A essa altura, é preciso achar que mais nada é grave. Ele continua gastando, comprando móveis ou quadros, bengalas, camisas da moda e se compromete, para ganhar no dia-a-dia o dinheiro necessário, a entregar romances e mais romances... É um círculo infernal. É levado a reeditar as obras assinadas por Horace de Saint-Aubin, o seu pseudônimo de juventude, mas tem um tílburi de quatro mil francos...

Ambições e vicissitudes

O infortúnio desse jornal que se intitulava *La chronique de Paris* é revelador. Ao lado do Balzac romancista, há um Balzac fascinado pelo poder e pela política.

Quanto à política, deseja refletir sobre ela. O criador de um mundo tem uma idéia do que deva ser a organização social.

Nesse domínio, evoluiu continuamente às avessas do seu tempo. Louco pelo Imperador aos quinze anos, mais para liberal até os 30 anos, ou seja, durante a Restauração, decepcionou-se muito rápido com a Monarquia de Julho. Não gosta da era burguesa e parlamentar. As suas relações com a marquesa de Castries, depois com a sra. Hanska, acentuam nele essa evolução; sobre essa questão, é preciso ler as cartas que escreverá a esta última durante os primeiros meses de 1848, no momento em que a França e outros países da Europa estão em plena tormenta revolucionária, e nas quais proclama o seu gosto pela aristocracia czarista. É verdade que talvez tentasse construir uma reputação que facilitasse os seus projetos de casamento: dizem que o czar controlava de perto a nobreza de origem polonesa...

Mas, quaisquer que fossem as influências das suas afeições pessoais nas suas idéias, não há dúvidas de que, em termos de conteúdo, Balzac elaborou uma doutrina cujos pilares são: a ordem, a autoridade, a tradição. A frase definitiva que se encontra na apresentação de *A comédia humana* é abundantemente citada: "Escrevo com o vislumbre de duas verdades eternas: a monarquia e a religião". Tal frase pode surpreender ou, pelo menos, deixar perplexo o leitor que admira *Goriot* ou *Ilusões perdidas* pois, à primeira vista, não é o que percebemos na obra. No entanto, o romancista pensou nisso e, mesmo que a força criadora não se limite à intenção consciente, não podemos abstrair completamente esta última. De uma certa maneira, sua obra é uma crítica geral de tudo o que vê como herança da Revolução de 1789. Ao aumentar os direitos individuais, ao atacar a propriedade aristocrática, a Revolução Francesa causou, na sua opinião, a atomização das famílias e dos patrimônios e, sobretudo, atiçou as ambições e as realidades pessoais. Balzac sonha com o restabelecimento de uma sociedade orgânica que dê oportunidade ao mérito individual, mas que seja firmemente estruturada. Tais convicções estão inscritas em filigrana nos seus romances.

Mencionamos isso ao evocar *O médico rural*. Em 1837, em *Os funcionários* (escrito em quatro dias, diga-se de passagem...), expõe as suas idéias sobre a função pública, sobre a arte e também sobre a maneira de governar, por meio do seu personagem Rabourdin. Declara-se claramente a favor de um poder forte, apoiado numa aristocracia de grandes proprietários de terra. Tem horror ao falatório da imprensa e da Câmara. "Os poderes discutidos não existem", já havia dito através de Bénassis. Esse poder forte, na sua opinião, deve se esforçar, tanto por interesse quanto por caridade, para dar ao povo o necessário para preservar a paz social.

Como ocorre a cada vez que Balzac faz o papel de pensador, ficamos céticos. A religião? O Balzac hedonista e telúrico não faz de modo algum estilo de uma alma piedosa. É verdade que é fascinado pelo espiritismo e pelo ocultismo, mas tudo isso, justamente, não tem nada de muito católico. O que parece suscitar o interesse de Balzac pela Igreja é, acima de tudo, que ela contribui para estruturar e para pacificar a sociedade.

O legitimismo desse grande plebeu de bochechas vermelhas originário de Tours não parece significar outra coisa além de um gosto pronunciado pelas duquesas, pelos salões, pelas caleches e pelos castelos. O seu sonho é um "mundo belo", aristocrática e politicamente falando, em que o escritor seja recebido, festejado, admirado; uma classe dirigente ao seio da qual a literatura e a filosofia encarnariam a autoridade moral.

Esse reacionarismo balzaquiano torna-se um tanto mais curioso à medida que a sua obra, enquanto descrição convincente da realidade que o cerca, contribui para demonstrar o caráter inelutável do "movimento", segundo a expressão da época; e vimos que, apesar da veneração que tem pelo Faubourg Saint-Germain, descreve-o de maneira a colocar em evidência a esclerose e a impotência de uma classe que não soube se adaptar à evolução.

O que importa, finalmente, não é se Balzac foi ou se ostentou ser legitimista e católico; o que importa é que encontrou assim a distância, a posição adversa e crítica, que é a condição do romance – pelo menos do tipo de romance que ele almeja escrever. Incorporar os pontos de vista mais opostos ao que é admitido majoritariamente em um dado momento pela comunidade social é a melhor maneira de compreender o que está em jogo.

Um tal empreendimento é forçosamente raro: a força do preconceito está no fato de basear-se em argumentos de peso; para evitá-lo, nada melhor do que exagerar no sentido inverso. O Balzac romancista não tem a intenção de passar por tolo, e é por isso que gosta de inverter as reações e as opiniões que triunfam em volta dele. Ele massacra essa imprensa "livre", esse parlamentarismo onipresente, esse gosto pelas eleições e esse interesse generalizado pelos negócios, tudo isso tão adulado no seu tempo.

De resto, Balzac parece apreciar sobretudo as fortes personalidades, rebeldes à ordem comum, que traçam o seu caminho em função dos seus princípios e de uma moral própria: Rastignac, De Marsay, Vautrin, Diane de Maufrigneuse. O que ele critica na monarquia de Louis-Philippe é o fato de ser um regime intermediário, nem verdadeira monarquia, nem verdadeira república. Em *Os segredos da princesa de Cadignan*, não esconde a sua simpatia pelo republicanismo intransigente de Michel Chrestien. Menos do que as doutrinas, ama as energias. Escreve: "Faço parte da oposição chamada vida". Essa é, sem dúvida, a política de Balzac.

Há, entretanto, uma questão política que retomou constantemente e de maneira bastante séria: a da imprensa.

Balzac, que sempre precisou dos jornais – considerados como um meio para atingir o público, de estar presente, de ser notado e reconhecido –, não gosta da imprensa. A sua *Monografia da imprensa parisiense* (1842-1843) contém uma frase definitiva: "Se a imprensa não existisse, seria preciso não inventá-la". E, em *Os funcionários*, escreve a respeito de um ministro: "A sua infelicidade foi a de escamotear todas as dificuldades; quanto ao jornalismo, quer nesse momento amortecê-lo surdamente em vez de abatê-lo francamente".

O que preocupa Balzac no progresso do jornalismo? Em primeiro lugar, a aparição de um contrapoder enorme, indiscernível, versátil, superficial, no qual espíritos medíocres se tornam suficientemente poderosos para aniquilar ou impedir a obra dos grandes homens de Estado, ou para manter à sombra os gênios autênticos que invejam... Balzac, já o dissemos, não tem do que se vangloriar da maneira como a crítica literária o trata. Mas o mal, para ele, é mais profundo: a imprensa traz em si a discussão sobre tudo, o peso da opinião despida de reflexão séria ou de competência, o estilhaçamento das grandes idéias pelas argúcias e a má-fé. Admira um Talleyrand ou um Fouché, que entraram em acordo quanto à maneira de conduzir os negócios, para não terem de prestar contas.

Dessa convicção que construiu para si, tira todas as conseqüências, e elas são de ordem eminentemente política. Alguns anos depois introduz, no seu romance *Ferragus*, uma correção bastante significativa no julgamento apresentado sobre os dois últimos Bourbons. Na primeira edição do romance, opunha "Louis XVIII, que olhava para frente, e Charles X, que olhava para trás". Trata-se de reproduzir o julgamento da época, e que a história confirmou, retendo a imagem de Louis XVIII como favorável a um compromisso e a de Charles X como intransigente e firme. Dez anos depois, ao reeditar o romance, Balzac corrige a sua frase: "Louis XVIII que *olhava apenas o presente* e Charles X *que olhava para frente demais*". E acrescenta: "Para sobreviver, o governo atual deverá se salvar por duas leis, justamente onde Charles X arruinou-se por dois decretos". Ora, um desses famosos decretos de julho, que provocaram a rebelião e resultaram na queda de Charles X, aplicava-se, justamente para restringi-la, à liberdade de imprensa. Para Balzac, daí em diante, é Louis XVIII que foi fraco e o seu sucessor é que compreendeu o verdadeiro perigo.

É, entretanto, o mesmo Balzac que tenta fundar jornais, ou que se esforça para encontrar um lugar importante naqueles que já existem. As suas relações com o jornalismo marcam também uma mistura de fascinação e desprezo. Uma contradição que, a partir de 1835, vai se aprofundar em torno da questão do romance-folhetim.

Até então, Balzac publicara em revistas e em jornais. Nessa época, a tiragem dos periódicos parisienses mais importantes não passa de cinco mil a dez mil exemplares. Ora, a sua difusão vai explodir junto com o apelo amplo e sistemático à publicidade. É em julho de 1836 que aparecem os primeiros números de *La presse*, fundado por Émile de Girardin, e de *Le siècle*, criado por Edmond Dutacq: dois títulos que propõem uma assinatura por 40 francos em vez de 80, com a idéia de compensar essa perda – e muito mais do que isso – com o crescimento da receita publicitária. De um dia para o outro, o público torna-se muito mais vasto. É uma revolução, já que agora os jornais, em vez de se apoiarem economicamente apenas nos seus leitores, vão se dirigir implicitamente a uma outra categoria, os anunciantes. Os atuais grandes grupos de imprensa e televisão funcionam exatamente dessa forma.

Esse dispositivo tem uma conseqüência literária importante: um elo decisivo entre a venda a preços baixos e a publicidade é o romance publicado por episódios, cuja missão é "fidelizar" o leitor, exatamente como fazem as séries de sucesso de hoje. O famoso "continua" que encerra cada episódio torna-se uma das chaves do sucesso, fazendo com que o leitor não perca um só número do jornal. O romance torna-se o que chamaríamos hoje de um "produto de apelo".

Ao mesmo tempo, para os romancistas, é uma formidável jazida de leitores e de recursos que aparece subitamente.

Balzac foi amigo de Girardin. Relacionou-se com esse homem genial, um dos mais modernos do seu tempo. O sistema do folhetim o entusiasmou. Não são mais 2 mil ou 3 mil leitores que descobrirão os seus romances, mas 10 mil, 20 mil ou mais.

A solteirona é o primeiro romance francês a aparecer sob essa nova forma, em 1836. *Os funcionários* (1837), *Béatrix* e *Uma filha de Eva* (1838) e *O cura da aldeia* (1839) são igualmente publicados em folhetins. Tudo vai bem durante alguns anos mas, no final de 1844, um furacão: Émile de Girardin lhe faz a afronta de renunciar à publicação de *Os camponeses*, substituído por *A rainha Margot*, de Alexandre Dumas.

O que aconteceu? Hoje em dia, diríamos que Balzac foi batido nos índices de audiência. Ele analisa lucidamente, em uma carta à sra. Hanska, o fracasso desse romance longamente planejado, no qual vê os pilares da sua obra:

> *La Presse* ganhou 3 mil assinaturas com *Os camponeses*. É um grande sucesso, mas junto a pessoas que não aplaudem e não compram. Vinte e dois mil trabalhadores fizeram assinaturas de *Os mistérios de Paris*. Se ilustrarem *Os camponeses*, afirmo à senhora que não haverá 22 mil ricos a assinar.

O que isso quer dizer? Simplesmente, que outros romancistas se revelam muito mais hábeis na arte de cativar e, portanto, de conservar um grande público popular, que é justamente aquele que interessa verdadeiramente à imprensa industrial. Ora, a arte de Balzac não se presta para isso. Não que ele não seja capaz de tramar intrigas hábeis, dramas de cortar o fôlego. O que ele não consegue é dar à sua narrativa a rapidez, a fluência e a facilidade que caracterizam um Eugène Sue ou um Alexandre Dumas.

O folhetim pressupõe, na verdade, uma certa maneira de escrever que contradiz o ideal estético de Balzac. É preciso construir capítulos de igual extensão, uma história que "prenda" o leitor desde o primeiro episódio, personagens claramente desenhados e sem ambigüidade, descrições breves que não retardem a ação. É preciso sentimentos simples e fortes para que o leitor os experimente de forma uníssona e, ainda por cima, surpresas, efeitos, suspense. Essas exigências não são, obviamente, decretadas juntas, mas rapidamente os fornecedores que sabem se dobrar melhor a elas (Dumas, Soulié, Sue) são os mais pedidos e os mais bem pagos. O romance-folhetim produziu os *seus* romancistas, a sua estética. A arte de Balzac se submete com mais dificuldade às leis do gênero.

Alguns críticos o censuraram inúmeras vezes por lisonjear o gosto pelo vulgar; e eis que agora o Balzac folhetinista é censurado por não o fazer suficientemente! É uma contradição que, para ele, não tem solução.

Além do mais, esses novos imperativos vão contra os esforços feitos por Balzac para dar ao romance a sua carta de nobreza. Ao dobrar a arte romanesca às suas próprias exigências, o romance-folhetim visa principalmente excluir aquilo que, para Balzac, é o mais precioso: por um lado, a reflexão, a análise social – por exemplo, as suas considerações sobre a agricultura, a produção de papel ou a função pública –; por outro, e é sem dúvida o mais grave, a ambigüidade. Vautrin é bom ou mau? O romance-folhetim quer imagens simples, fortes, unívocas.

A rejeição de *Os camponeses* é altamente ilustrativa dessa questão. Ao contrário das representações idílicas herdadas de Rousseau, Balzac descreve um mundo rural selvagem, feroz, onde se desencadeiam o egoísmo, as pequenas ambições, a visão estreita. Aos olhos do diretor do jornal, pouco importa se é certo ou errado julgar assim: tudo o que ele sabe é que o público não lê um romance para pensar sobre isso. Dêem-nos matéria para fazer uma mulher comum chorar ou tremer, golpes de espada, intrigas de amor, deslocamento espacial ou histórico.

Balzac, que tanto buscou o sufrágio público e que nunca escondeu que escrevia para ganhar dinheiro, descobre, se já não desconfiava, que a sua obra, no que ela tem de melhor, edifica-se talvez *contra* o seu tempo.

Os anos de 1836 e 1837 marcam novas preocupações para o romancista. Além do fracasso de *La chronique de Paris*, deve processar Buloz, diretor da *Revue des deux mondes*, que vendeu, sem pedir a sua autorização, a um editor russo as provas não-corrigidas de *O lírio do vale*. Um outro episódio incongruente lhe complica um pouco mais a vida: é preso durante alguns dias por não ter servido na Guarda nacional, como obriga a lei. Uma invenção do regime de Louis-Philippe, do qual não pode nem ouvir falar.

Financeiramente, está estrangulado, sem fôlego. O seu amigo conde Guidoboni-Visconti, que tinha então um problema de herança para resolver em Turim, propõe-lhe que vá em seu lugar. Ganhará uma comissão sobre a soma e escapará, pelo menos durante algum tempo, dos problemas de toda ordem e dos credores...

Balzac aceita a proposta. Para poder realmente arejar as idéias, faz a viagem acompanhado de uma certa Caroline Marbouty, que se fantasia de homem para acompanhá-lo. Esta burguesa da província que está rompendo o seu casamento se instalou na capital e sonha com a glória literária. Inspirará, em parte, o personagem de *A musa do departamento*. Mas, na volta dessa viagem alegrada pela companhia clandestina da atraente Caroline, um novo golpe espera Balzac: é informado da morte da sra. de Berny. Doente há muito tempo, ela isolava-se, não queria mais ver ninguém. Balzac perde uma amiga, uma cúmplice, uma confidente. Durante os últimos tempos da sua vida, ela lia e relia *O lírio do vale*, encontrando sem dúvida nesse romance não exatamente a história deles, mas os ecos profundos dos seus afetos.

Para ele, é uma dor terrível que, acrescentada às suas preocupações financeiras, o faz cair em desespero: "Perder essa nobre e grande parte da minha vida e saber que você está tão longe, é de se jogar no Sena", escreve a Ève.

O ano seguinte não é mais favorável. Os credores o perseguem. O seu tílburi é apreendido. É preciso se esconder. Sarah Guidoboni paga uma parte das suas dívidas. Felizmente, os negócios italianos do conde ainda não estão totalmente resolvidos: mais uma vez, Balzac vai à Itália na qualidade de procurador. Visita Milão, Veneza, Gênova, Livorno, Florença, Bolonha.

Mesmo assim, trabalha. Em quatro dias, como dissemos, escreve *Os funcionários*; mas as suas teorias sobre a administração são bastante mal-recebidas. Que história é essa de um romancista cheio de dívidas explicar a maneira certa de gerir os negócios públicos?

A solteirona, igualmente publicado nesse período, é considerado quase que obsceno. A heroína chegou aos quarenta e se atormenta por não ter homem. Balzac evoca esse caso de frustração sexual em termos quase médicos, que escandalizam. Além do mais, quando ela termina por escolher um marido, ele é impotente... Balzac, decididamente, choca a sociedade e não recua diante de nenhuma realidade humana. As pessoas não estão acostumadas com romances que se aventuram em tais zonas.

No conjunto, o realismo profundo de Balzac, a sua vontade de usar o romance para esclarecer e compreender os mecanismos sociais, tudo isso incomoda. As pessoas querem um romance divertido, romântico, leve, "consolador". Não têm nada contra o socialismo estampado claramente por um Eugène Sue no romance popular, que consegue milhares de assinantes. Mas Balzac é difícil de ser classificado. Tem orgulho de querer ser mais do que um passatempo. Acham-no pedante.

E ele continua. Nunca foi tão sólido, tão inventivo, tão criador. Publica, em 1837, *César Birotteau*, a história de um perfumista que enriqueceu, que se deixa levar por especulações imprudentes e é passado para trás. Balzac demonstra nessa ocasião um conhecimento dos mecanismos financeiros que surpreende os especialistas. Traça, sobretudo, uma figura de comerciante inesquecível e, ao mesmo tempo, comovente e cômica. O seu nome é por si só um achado, pela aproximação do nome César, nome de um conquistador, com o sobrenome Birotteau, que tem a consonância em "ô" tão prosaica em francês. O que Balzac está denunciando aqui é o movimento de uma sociedade que desequilibra tudo por meio da ganância. Birotteau é um lojista que teria sido feliz com a sua loja, se não tivesse se deixado lograr pelas sereias da especulação financeira. Em torno dele, gravitam o ignóbil Tillet, que quer se vingar de ter sido outrora repelido pela sra. Birotteau, e o manco e fiel Anselme Popinot... Balzac lembra o drama burguês e lacrimejante do século XVIII, com inúmeras cenas de infelicidades virtuosas. Precisamos acrescentar que César Birotteau é o irmão de uma outra vítima, o padre Birotteau, de Tours, no romance escrito sete anos antes. A moral de Balzac é pessimista: há pessoas que são tolas de nascença. Honestas demais, ingênuas demais. Uma questão de educação... É preciso resignar-se ao seu mundo.

É durante o mesmo ano que concebe o grande projeto de *Ilusões perdidas*, em que junta as cenas parisienses às cenas da vida provinciana. Por meio do percurso de Lucien, saído de Angoulême para conquistar a glória, é traçado um vasto quadro da imprensa. No ano seguinte, publica *A casa Nucingen* e *O torpedo*, primeira parte de *Esplendores e misérias das cortesãs*, duas obras unidas pela presença do banqueiro Nucingen.

Em 1837, lança-se numa nova empreitada que, acredita, facilitará a sua vida material e até mesmo o enriquecerá. Na realidade, será uma nova catástrofe financeira. Há, na sua vida, uma fatalidade que impressiona: sempre quer fazer outra coisa além dos seus livros, mas sempre fracassa.

A idéia, no entanto, não era ruim. Pensou que viveria melhor e mais barato numa casinha no campo. Explorou as cercanias de Paris e encontrou, perto de Ville-d'Avray, um pequeno domínio que chamará de Jardies.

Seria perfeito, se a sua megalomania não viesse imediatamente à tona. Depois de ter adquirido um primeiro terreno, deseja completá-lo com a aquisição de parcelas vizinhas. Os terrenos são inclinados e, para poder plantar, é preciso construir um muro de arrimo. O casal Guidoboni-Visconti empresta o dinheiro. Podemos até sentir uma afeição por Balzac, mas somos tomados por um leve desconforto ao assistir ao espetáculo do escritor aproveitando-se do dinheiro da sua amante e do marido...

Aliás, ele não tem dúvida de que irá reembolsá-los em breve, tirando rapidamente rendimentos substanciais da sua propriedade. No seu livro de memórias, *Balzac de pantufas*, o seu amigo e secretário Léon Gozlan evoca longamente essa história. Balzac explica seriamente que vai criar vacas, graças às quais fornecerá leite fresco a todos os moradores da colina; vai também cultivar legumes e parreirais. O terreno, acredita, é ideal para isso. Há também toda uma história de depósito de lixo, situado na sua propriedade, graças ao qual pretende tornar-se fornecedor de esterco. Tem ainda a intenção de construir estufas que lhe permitirão cultivar abacaxi. Já faz os seus cálculos. Jardies lhe trará em breve 20 mil francos por ano. Pelo menos!

Paralelamente, perseguiu um outro capricho. Durante a sua viagem a Turim, no ano precedente, ouviu falar de uma jazida de prata a ser explorada na Sardenha. Prometeu a si mesmo verificar de perto e não duvida fazer fortuna com isso. Aproveita a sua segunda viagem para visitar o local. Evidentemente, não o esperaram. A jazida existia realmente, o negócio não era nada mau, mas Balzac não se questionou um segundo como e por que iriam esperar pela chegada de um romancista parisiense para explorar minas no reino do Piemonte-Sardenha.

Todas essas viagens à Itália decididamente acabam mal. Na volta de Turim, havia sido informado da morte da sra. Berny. Na volta de Milão e da Sardenha, comunicam-lhe o falecimento da marquesa d'Abrantès.

No coração dessa vida caótica, o romancista continua entregando obra depois de obra para honrar os contratos assinados, esgotando-se durante noites inteiras, corrigindo provas, controlando reedições, acelerando um episódio de folhetim... Se o homem leva uma vida aberrante, desequilibrada, o escritor impressiona pela energia e pela inventividade. Mil oitocentos e trinta e nove: *Uma filha de Eva*, *O cura da aldeia*, *Béatrix*, *Os segredos da princesa de Cadignan*. Mil oitocentos e quarenta: *Z. Marcas*, *Pierrette*, *Pierre Grassou*... Não há dois desses romances que sejam parecidos, ou que dêem a menor impressão de explorarem uma fórmula já experimentada. Balzac inova sempre. Os maiores romancistas cederam, por vezes, à atração do "conceito". Impuseram um estilo, um tom e são fiéis a eles. É claro que a voz e o estilo de Balzac continuam sendo inimitáveis, mas nenhuma vez o surpreendemos reapresentando uma intriga, uma situação, um tipo. O ritmo, os meios, a localização, as particularidades, a complexidade múltipla dos temas e dos personagens, tudo dá lugar a incessantes novas combinações.

O cura da aldeia, além de drama amoroso e social (pelo amor de uma mulher, Tascheron torna-se assassino), é também a ilustração das teses filantrópicas de Balzac, servindo de complemento a *O médico rural*. A heroína, Véronique Graslin, mergulhada no arrependimento, pois foi por amá-la que Tascheron matou, decide fazer a felicidade de uma aldeia desolada do Limousin.

Béatrix retrata uma escritora, Camille Maupin, personagem que deve muito a George Sand, e uma aristocrata, Béatrix de Rochefide, apaixonada pelo músico Conti, que ela outrora roubou de Camille. Todas essas pessoas passam uma temporada na península de Guérande. O ciúme das duas mulheres se transfere para um jovem das vizinhanças. Esse romance maravilhoso, inteiramente dedicado às paixões amorosas, é, na verdade, diretamente inspirado pelo que se passara entre George Sand, o músico Liszt e Marie d'Agoult, uma mulher da melhor sociedade que largou tudo para segui-lo. Balzac serviu-se com desembaraço das confidências que George Sand lhe fizera pedindo segredo. Marie d'Agoult lidará bastante mal com a tradição da romancista... Essa história chateará quase todo mundo.

Z. Marcas é um auto-retrato. O "Z" significa Zéphirin, nome que Balzac só escolheu para poder colocar em evidência essa inicial singular que é, para ele, como uma garça. Marcas, que prepara uma carreira política, é um homem de energia e reflexão, um homem sério levado a lutar contra as pequenezas e a burrice do mundo. "Segundo uma crendice bastante popular, cada rosto humano se parece ao de um animal. O animal de Marcas era o leão."

Em agosto de 1839, Balzac é eleito presidente da Sociedade dos Homens de Letras, fundada no ano precedente. A remuneração dos romances-folhetins é um tema de conflitos incessantes com os diretores de jornais. Por outro lado, os romances de sucesso são freqüentemente editados no exterior sem que o autor receba a menor remuneração; é inclusive freqüente que edições piratas, em francês, sejam produzidas na Bélgica. Há muito tempo Balzac considera que os escritores devem se organizar e defender os seus direitos a uma remuneração justa. Em março de 1830, o jovem romancista havia publicado no *Folhetim dos jornais políticos* um estudo intitulado "Do estado atual da livraria". Quatro anos mais tarde, redige uma *Carta aos escritores franceses do século XIX*, na qual propõe a criação de uma sociedade análoga à que imaginou Beaumarchais para os autores de teatro.

Foi um jornalista, Louis Desnoyer, quem se ocupou da organização da Sociedade dos Homens de Letras. Balzac a presidira apenas um ano antes de ceder o lugar a Victor Hugo. Mas as reivindicações que definiu, as disposições que propôs, influirão profundamente na definição do direito autoral e na elaboração de leis que lhe dizem respeito.

Em 1840, o incansável sonhador funda um novo jornal, *La Revue parisienne*. Durante todo o verão, trabalha nele, escreve quase tudo sozinho. É ali que presta homenagem a Stendhal, que acaba de publicar *A cartuxa de Parma* sem chamar atenção alguma. *La Revue parisienne* morrerá no outono. Mais algumas dívidas... Nessa época, deve no total mais de 250 mil francos. Todas as manhãs, sente-se à beira do abismo. Explica a Ève Hanska, preocupada com o seu silêncio, que não tem mais dinheiro para pagar as despesas de correio das cartas destinadas à Rússia!

Tem uma relação breve com uma certa Helène de Valette. Pergunta à sua amiga Zulma Carroud se ela não conheceria uma moça com quem pudesse se casar, com um dote de 200 mil ou 300 mil francos que pudessem ser utilizados para restabelecer os seus negócios. Está complemente perdido. Zulma se esquiva...

Má fase. Uma outra mosca o pica: lança-se com ímpeto na defesa de um tabelião chamado Peytel, acusado do assassinato da sua esposa e de um empregado doméstico. Conheceu esse Peytel rapidamente, alguns anos antes. Não tem dúvidas da sua inocência. Os juízes são de opinião diferente, e o tabelião, condenado à morte, é executado. Zomba-se, aqui e ali, do romancista que quis que falassem dele encontrando o seu Calas.

Apresenta-se à Academia francesa. Anunciou a Ève Hanska a sua intenção de abrir as portas "com tiros de canhão". Que canhão? Não se sabe. Balzac querendo entrar para a Academia é mais uma vez como Perrette, a moça com o tarro de leite. Pois ele não pára por aí. Primeiro, uma vez eleito, afirma que seria remunerado pela presença, o que resolveria seus negócios. Depois, graças a essa posição eminente, seria nomeado par da França. E, a partir daí, seria ministro.

Mas a sua candidatura muda bruscamente de direção. Victor Hugo apresenta-se. Hugo na Academia é o triunfo definitivo da nova geração contra as "velhas perucas" do classicismo. Balzac desiste em seu favor, tanto mais que Hugo tem chances muito maiores do que as dele... De fato, Hugo é eleito. Comporta-se lealmente e procurará, uma vez empossado, fazer com que o seu colega entre também. Mas é em vão.

É que talvez o velho Nodier tenha razão: explicou a Balzac que a Academia, preocupada com a respeitabilidade antes de qualquer outra coisa, não queria um autor com riscos de ter os seus bens confiscados por um oficial de justiça.

Voltar-se para o quê? O teatro! Eis um bom meio de enriquecer rapidamente. Esqueceu-se das suas tentativas precedentes. Aceitam o seu drama, *Vautrin*, extraído da sua obra. Frédérick Lemaître, uma glória do palco, aceita o papel-título. Está a um passo do sucesso. Infelizmente, Lemaître, por bravata (ou talvez para causar problemas ao diretor do teatro, com quem tinha um litígio), zomba deliberadamente de Louis-Philippe. O governo do "rei-cidadão" não se constrange de praticar a censura.

Mais um bom projeto que desmorona... É uma pena, pois dessa vez não era uma quimera.

Balzac está mais uma vez num mato sem cachorro. A sua propriedade, Jardies, é vendida por adjudicação. Adeus vacas, videiras, cultivo de abacaxi... O negócio já custou em trabalhos e ornamentos algo como 100 mil francos; a venda lhe traz dezessete mil. Na realidade, a propriedade foi adquirida por um fantasma. Espera, assim, recuperar o seu bem um pouco mais tarde, e os credores devem, enquanto isso, dividir essa magra soma. Estamos no limite da probidade... A situação é assustadora. Balzac deve inclusive ao guarda campestre de Ville-d'Avray!

Alugou uma casa em Passy, a mesma que hoje abriga o museu Balzac. O lugar é discreto e comporta duas saídas. O romancista mais célebre do seu tempo deve se esconder como o condenado Vautrin. Para mais segurança, a locação foi feita no nome de uma certa Philiberte-Louise Breugniot, que ele empregou na qualidade de governanta.

Um pouco mais tarde, ele a colocará na sua cama. Estamos longe das mulheres da sociedade. Mesmo assim, Balzac rebatizou-a de "sra. de Brugnol".

O mais impressionante é que, em meio à desordem e à derrota, o romancista não está abatido, nem mesmo abalado. O ano de 1841 é marcado por quatro obras importantes: *Um caso tenebroso*, *Um aconchego de solteirão*, *Ursule Mirouët*, *Memórias de duas jovens esposas*. A fundição de Vulcano permanece inspirada por um fogo infernal.

Talvez haja aqui um segredo de Balzac. Talvez já tenha, no fundo de si mesmo, renunciado a tudo que não seja essa obra na qual acredita, essa obra que lhe assegurará, uma vez captada e compreendida no conjunto do seu projeto, uma glória duradoura. "Sem gênio, estou frito!", disse um dia à sua irmã. É difícil imaginar que ainda tenha a menor ilusão quanto ao pagamento das suas dívidas. Mas sabe muito bem que, um dia, todo mundo terá esquecido o montante delas e o nome dos seus credores, enquanto Goriot, Rastignac, Eugénie estarão eternamente vivos, como estão Gargantua, Ulisses ou Alceste. É nisso, e apenas nisso, que ele deve e quer pensar. Há nele a energia do desespero e talvez, também, esse monstruoso egoísmo não dos artistas, como se acredita, mas da obra, que quer tudo, que não o deixa em paz nunca.

Um caso tenebroso traz o leitor de volta aos tempos perturbados da Revolução Francesa, período de que Balzac parece decididamente gostar; é o tempo do seu nascimento, e poderíamos quase afirmar que constitui a cena primitiva da sua obra. A intriga política, bastante complexa, tece ligações entre um complô monarquista, o seqüestro de um senador, o papel ambíguo de Fouché... O romance é dominado pela extraordinária Laurence de Cinq-Cygne, uma defensora da antiga nobreza, uma espécie de Colomba da monarquia, figura toda cheia de energia e de fidelidade que se destaca magnificamente desse pano de fundo infernal de manobras políticas e de segredos de Estado.

Um aconchego de solteirão, um dos mais belos romances de Balzac, entrelaça diversos temas: o bom e o mau filho, a paixão pelo jogo, as disputas por uma herança. É também, como *Ilusões perdidas*, uma ponte entre as "Cenas da vida parisiense" e as "Cenas da vida provinciana", mas no sentido inverso, já que aqui o drama que liga a Paris se desenvolve e se resolve em Issoudun. A infância e a vocação de um artista descritas através do jovem Joseph Bridau, o quadro de Issoudun e os seus "Cavaleiros da desocupação", o retrato do velho rico dominado por uma criada-amante sem-vergonha e com um apelo físico irresistível (seria uma sra. de Brugnol melhorada?) compõem algumas das páginas inesquecíveis. E, ainda por cima, o romancista encontrou para o título em francês esse vocábulo evocativo, *rabouilleuse*, uma palavra regional empregada por Rabelais. A sua raiz é obscura. Evoca o fato de raspar a terra ou a lama, de cavar tocas. O nome de *raboliot* (coelho selvagem) é da mesma família. O achado é extraordinário. Balzac adora todas as palavras. É imensa a sua curiosidade por sotaques, falas locais, jargões. Na literatura francesa, aproxima-se da tradição não-acadêmica, a de Furetière, das canções populares, de Restif.

Memórias de duas jovens esposas é uma reflexão sobre o amor e o casamento. Coloca em cena duas amigas que estiveram juntas no convento e que se contam por cartas as suas respectivas vidas conjugais. Uma delas aceita um casamento tranqüilo e levemente aborrecido, mas a sua vida é serena. A outra continua a sonhar com a paixão e pagará caro por isso.

Sim, o Balzac desses anos é grandioso, impressionante.

Tem lá os seus defeitos. Acham as suas intrigas melodramáticas, exageradas, e o seu estilo, difuso; freqüentemente estica demais a trama. É que ele se chafurda no real. Essa espécie de densidade que há em Balzac, e que os seus detratores sempre criticam, é a densidade do próprio real. Balzac vive num mundo prodigiosamente concreto, que não se cansa de inventariar. O seu olhar estima o valor do mobiliário ou os lucros de uma terra, desvenda cálculos e cobiças, desnuda as mulheres. A sua força – que faz com que aqueles que o amam esqueçam de todos os seus defeitos – é que acredita ingenuamente, monstruosamente, nas suas vitórias. É preciso avaliar esse tom grave, penetrante, muitas vezes involuntariamente espirituoso, que o faz contar as vicissitudes dos personagens como se estivesse evocando Alexandre, Louis XIV ou Napoleão. Acredita naquilo. Acredita totalmente. Esse realista é um alucinado. Os seus romances o drogam. Não está mais na vida real. O mundo real não é o que se apresenta à sua porta. É ele que o produz, que o desenvolve, que o ultrapassa.

Sabe que é contestado ou mal compreendido. No mais, não é nem um encantador, nem um consolador. Ele, que, na sua própria existência, está sempre pronto a correr atrás de quimeras e que não renuncia às miragens do fantástico e do sobrenatural, volta a ser, diante da sua página em branco e no melhor da sua obra, um espírito implacavelmente desencaminhado e, digamos assim, desencaminhador. Descreve a humanidade como a vê. Ora, ele não vê a humanidade sob uma forma ideal, mas sob uma forma social. E isso não é muito bonito.

Um exemplo: *A musa do departamento*. Balzac, imaginando a história dessa provinciana que abandona o marido e a família para seguir o jornalista Lousteau a Paris, inspirou-se em *Adolphe*, a obra-prima de Benjamin Constant, sublinhando que pretende retomar esse tema sob a ótica do real. Comparar as duas obras é bastante esclarecedor para compreender o que quer Balzac. Da história de Elénore, que se comprometeu definitivamente aos olhos do mundo pelo amor do egoísta Adolphe, Benjamin Constant faz um drama psicológico, de forma apurada, rigorosa como a de uma tragédia clássica. Balzac, partindo de um tema análogo, mostra-se terrivelmente real e indecoroso. Nele, a mesma história se presta ao riso. A sua Dinah Piédefer (que nome!) é uma idiota, o seu Lousteau é um sedutor que não quer nada com nada. Não há lirismo! Não resta muita coisa do amor com A maiúsculo quando uma mulher se encontra em Paris, sem dinheiro, com um homem que a considera, no fim das contas, um estorvo e já pensa em traí-la...

Repetindo: ninguém é menos santo, ninguém é menos lírico, ninguém é menos demagogo. É provavelmente o que ele detesta naqueles romances-folhetins que têm mais sucesso do que os seus: o seu lado consolador, aqueles pombinhos que se arrulham, aqueles amantes separados por tantas provas que conhecerão, enfim, a felicidade eterna. O leitor é convidado a viver por procuração as aventuras mais dramáticas e mais excitantes que jamais conhecerá na sua própria existência. Trata-se de fazê-lo esquecer da vida real. Vendem sonhos. Balzac não entra nessa. A noiva é bonita, o marido apaixonado, tudo bem. Mas de quanto é o dote? Isso lhes dará que renda anual? Com o que vão mobiliar a casa? A mulher não será muito gastadora? O chefe de família saberá administrar convenientemente o lar?

Sempre haverá uma categoria de leitores ou de críticos que detesta que um romancista mostre as coisas como elas são, a trivialidade do real. O século XIX, em particular, não gosta nada dessa idéia. Mostra-se inclusive avesso a isso. Cada romance de Zola será acolhido por clamores de virtude ultrajada. Como?! Esse homem ousou descrever os empregados domésticos que falam errado, as lavadeiras! Baudelaire também deverá pagar o preço do realismo. Um homem que pretende colocar em versos clássicos as palavras "hidrópico", "hospital" ou "mortalidade"! E Flaubert, que ousa descrever Emma Bovary quando ela despe-se precipitadamente, apressada em fazer amor!

Balzac sabe que trava um combate, esse combate. E Hugo, diante do seu túmulo, falará também em combate. É a palavra certa. Apesar de tudo, Balzac impõe ao seu tempo o romance que tem a ambição de dizer tudo, e de dizer coisas sérias.

A essa aposta acrescenta-se o mau-humor que o seu sucesso provoca e a sua fecundidade excepcional. Zombam do "inevitável da livraria" que produz com tanta força. Também é uma constante do espírito literário francês atribuir um valor superior ao que é raro. "Ele escreve muito", é o início da conspurcação. Um homem que escreve muito só pode escrever mal. Quanto tempo levará para que nos demos conta de que Georges Simenon é um imenso romancista?

Acrescentemos que Balzac não teve a prudência de conquistar a benevolência da imprensa. A segunda parte de *Ilusões perdidas* (1839) é um impiedoso quadro satírico do meio jornalístico. Em 1842, lança uma bomba intitulada *Monografia da imprensa parisiense*. Não hesita diante de frases do tipo: "Qualquer um que tenha participado do jornalismo ou que ainda participe corre o risco de ter de apertar a mão de pessoas que despreza".

Balzac cria inimigos dentro do jornalismo ordinário, assim como, em um outro nível e por razões opostas, no jornalismo intelectual dos grandes críticos como Sainte-Beuve, Jules Janin, Nisard, ou ainda aquele Philarète Chasles que vê nele um autor para empregadinhas. Muito lido, mas muito contestado, deverá finalmente a sua glória aos seus colegas e aos escritores mais jovens, que não se enganarão. Hugo, e também Gautier, Baudelaire, Zola contribuirão para estabelecer definitivamente a soberania da sua obra.

Ele acaba de completar quarenta anos. Com o passar do tempo, assistimos à formação da sua arte de romancista e à concretização do objetivo que persegue. Teve, primeiramente, a idéia das "Cenas". Já em 1830 publicou uma edição das "Cenas da vida privada" em dois volumes. No ano seguinte, outra, dos "Romances e contos filosóficos". Em 1833, é a vez das "Cenas da vida provinciana". Por instinto, Balzac pensa a sua obra em séries.

Bastante cedo, pensou que comporiam entre si um conjunto mais vasto, que chama "Estudos de costumes", mas que serão apenas um piso da edificação. Em 1834, no dia 26 de outubro, escreve à sra. Hanska linhas que ficaram célebres, nas quais explica o seu projeto:

> Os *Estudos de costumes* representarão todos os efeitos sociais, sem que nenhuma situação da vida, nenhuma fisionomia, nenhum caráter de homem ou de mulher, nenhuma

maneira de viver, nenhuma profissão, nenhuma zona social, nenhuma região francesa, nem o que quer que seja da infância, da velhice, da idade madura, da política, da justiça, da guerra, tenham sido esquecidos [...] Então, a segunda camada são os *Estudos filosóficos*, pois depois dos efeitos, virão as causas [...] A seguir, depois dos efeitos e das causas, virão os *Estudos analíticos*, que incluem a *Fisiologia do casamento*, pois depois dos efeitos e das causas devem ser buscados os princípios...

E, ao calcular previamente o número de volumes desse monumento que, ele o diz com orgulho, constituirá "As mil e uma noites do Ocidente":

> Quando tudo estiver concluído, a minha Madeleine, rabiscada; o meu frontão, esculpido; as minhas pranchetas, liberadas; quando tiver dado os últimos retoques, terei tido razão ou terei errado. Mas depois de ter feito a poesia, a demonstração de todo um sistema, farei a ciência no Ensaio sobre as forças humanas. E, nas bases desse palácio, eu, criança e sorridente, terei traçado o imenso arabesco de *Cem contos jocosos*.

Torna-se lírico, aproveitando o momento para tranqüilizar Ève Hanska sobre as suas amizades femininas:

> Eis o abismo, eis a cratera, eis a matéria, eis a mulher, eis aquela que toma as minhas noites, os meus dias; que dá valor a essa carta escrita nas horas que deveriam ser consagradas ao estudo... Ah, eu lhe suplico, não me conceda mais nada de pequeno, de baixo, de mesquinho. A senhora pode medir a envergadura das minhas asas.

Esse é o projeto no qual se deteve e no qual se deterá até que a pluma caia das suas mãos. É preciso tomar nota e medir o seu alcance. Não compreendemos Balzac lendo dois ou três dos seus títulos, nem mesmo dez. Balzac não tem por única ambição alinhar romances um ao lado do outro. A sua grandeza, a sua criação, a sua mira só podem ser apreciadas quando dirigimos um olhar sobre o conjunto da paisagem. Ele o sabe, e quer que o vejamos, que o conheçamos, que isso ocorra enquanto ainda esteja vivo. Disse ao seu amigo e médico Nacquart anos antes: "tenho a impressão de possuir um diamante enorme que terei de vender serrando-o em inúmeros fragmentos". Disse-o também a Ève Hanska: "Uma obra que deve conter todas as figuras e todas as posições sociais só poderá ser entendida quando estiver concluída".

Acessoriamente – mas esse acessório é essencial –, isso lhe permitiria recolocar em circulação as obras já publicadas, revendê-las a novos leitores e alcançar novos progressos...

Em 1840, encontrou o título geral dessa enorme empreitada: *A comédia humana.*

Título esplêndido e cheio de orgulho. Mas no qual, ainda assim, é preciso entender a palavra "comédia". Um Victor Hugo, que também será tomado – mais tarde – por essa mesma ambição de totalizar o homem, a história, Deus, escolherá a referência épica e o poema. Balzac apóia-se no romance e o chama "comédia". Os seus mestres são Molière, La Fontaine, Rabelais. É preciso ter em mente o papel que Balzac concede a essa obra tão negligenciada, os *Contos jocosos*, obra de um Balzac "criança e sorridente", segundo a sua própria expressão; uma espécie de Gavroche, pichador do seu próprio monumento... É o mesmo Balzac que, já mencionamos, acrescentava em uma das suas obras mais trágicas, *A pele de onagro*, referências claras a Rabelais e a Sterne. É o mesmo que, no prefácio a esse romance, voltando à *Fisiologia do casamento,* declarava:

> Os autores têm, freqüentemente, razão nas suas impertinências contra o tempo presente. O mundo pede-nos belas pinturas? Onde estariam os seus tipos? As suas roupas mesquinhas, as suas revoluções fracassadas, os seus burgueses discursadores, a sua religião morta, os seus poderes extintos, os seus reis de meio-soldo, será que tudo isso é tão poético que precise ser transfigurado?... Hoje só podemos zombar.

Não, decididamente, ele não respeita a sua época. Essa se embriaga com grandes palavras, como todas as épocas. Mas ele não cairá nessa.

Em 1840, Balzac fechou um contrato com um grupo de editores, sendo o principal dentre eles Charles Furne, para a publicação do conjunto desse vasto monumento. Entre os associados encontra-se Hatzel, o futuro editor de Jules Verne. Furne parece oferecer-lhe todas as garantias; editor das obras de Walter Scott e de diversos historiadores, é economicamente sólido. Esse dispositivo permite, além do mais, que Balzac coloque os seus negócios editoriais, sempre complexos, em ordem. As *Cenas da vida privada* eram editadas por Louis Mame, os *Romances e contos filosóficos* por Gosselin, outros por Werdet, cuja falência, em 1837, ocasionou-lhe diversas complicações. Esse novo contrato geral permitiu-lhe dar um novo impulso, planejado e organizado, ao conjunto da sua obra, que nesse meio tempo fora relida e emendada.

Dezesseis volumes serão publicados entre 1842 e 1846, aos quais se acrescentará em 1848 um tomo suplementar contendo *Os parentes pobres*.

Em 1842, redigiu um plano detalhado do conjunto. Vêm, em primeiro lugar, os *Estudos de costumes*, com seis subdivisões (cenas da vida parisiense, da vida privada, da vida provinciana, da vida política, da vida militar, da vida rural). Encontraremos, a seguir, conforme anunciado, os *Estudos filosóficos*, depois os *Estudos analíticos*.

De agora em diante, sempre acumulando novas obras destinadas a completar o programa, deverá supervisionar a realização da edição definitiva. O seu exemplar pessoal, ao qual acrescentou novas notas, precisões, retoques, ainda existe. Depois de duas, três publicações, e de inumeráveis correções nas provas, que fazem dele o terror dos tipógrafos, busca ainda emendar e arrematar a sua obra tendo em vista edições futuras. A "Furne corrigida", como chamamos, permanece para os editores de hoje a base para toda boa edição de Balzac, já que atesta o último estado aprovado pelo próprio autor.

Furne e os seus colegas lhe sugeriram que escrevesse um prefácio geral. Seguiu o conselho. É importante ler essa "Apresentação" de *A comédia humana* para compreender a intenção e o pensamento de Balzac, mesmo que isso não seja suficiente para dar conta da obra.

Esse texto é interessante principalmente pelo uso – terrivelmente prudente – que fez do termo "romance". Balzac visa à Academia, às honras oficiais. É importante para ele que não confundam a sua obra com um gênero que, aos olhos de muitos, passa por fútil. Cita de bom grado Corneille, Molière ou Goethe, adora evocar cientistas e filósofos, Cuvier, Leibniz e sobretudo Buffon. Fala em "história do coração humano", de "drama" e avança com precaução na noção de romance:

> Walter Scott, esse descobridor moderno, imprimia então um porte gigantesco a um gênero de composição injustamente chamado de secundário. [...] Walter Scott elevava então ao valor filosófico da história o romance, essa literatura que, de século em século, incrusta diamantes imortais à coroa poética dos países onde se cultivam as letras.

Walter Scott é o único romancista a ser nominalmente citado, e vemos com qual discrição Balzac introduz a palavra "romance" no seu texto.

Aliás, assim que solta a palavra, volta à seriedade: "A sociedade francesa seria o historiador, eu seria apenas o secretário". Anuncia a sua intenção de escrever "a história esquecida por tantos historiadores: a dos costumes". Intitula-se arqueólogo, nomenclador, registrador... Romancista quase não era, para se defender por antecedência, pois já prevê a crítica: "Recriminarão o romancista que quer ser historiador..." Tem um gosto ingênuo e ao mesmo tempo tático com palavras que soam sérias, "estudos analíticos", "fisiologia", "patologia", "anatomia".

Balzac fixa, igualmente, a sua visão da sociedade: um universo que se tornou convulsivo pelas paixões e pelos interesses – mas que, justamente por essa razão, deve ser dirigido por um Estado estável e forte e permanecer sob tutela da Igreja católica.

Os três primeiros volumes serão publicados ao longo do ano de 1842. Lança, enquanto isso, além de *Um aconchego de solteirão*, o divertido *Uma estréia na vida*. Esse último é uma espécie de romance de formação satírico, em que vemos um jovem muito seguro de si defendendo idéias inconvenientes em uma diligência, ignorando que o desconhecido sentado à sua frente poderia ter uma influência decisiva na sua carreira. Vai se reabilitar na Argélia, onde perderá um braço.

De resto, os negócios não melhoraram. Balzac tentou sair do buraco com uma comédia baseada no tema do criado atarefado, *Os recursos de Quinola*, que é aceita pelo Odéon. Mas tem a infeliz idéia de não convidar os jornalistas para o ensaio geral. Eles não virão, nem o público...

Explode então uma bomba. Em novembro de 1841, o incômodo marido da "Estrangeira" decidiu enfim partir para outro mundo. Balzac recebe a notícia em janeiro de 1842.

Já se enxerga satisfeito. Ève poderá ser sua, totalmente, aos olhos do mundo inteiro. Poderão casar-se, ela virá morar em Paris. Além disso, ela disporá da fortuna do seu marido e das rendas de Wierzchownia. Será que ele estava chegando ao final das suas provações?

Mal sabia que ainda teria que esperar alguns anos.

Esplendores e misérias

Um biógrafo evocou Prometeu para simbolizar a vida de Balzac. Poderia também ter escolhido Sísifo. Há nessa existência a marca de alguma maldição enorme e fatal, dramaticamente simples como todos os grandes mitos.

O dinheiro, a obra, os projetos de casamento, os sonhos cada vez mais quiméricos de fortuna e de estabilidade... Obstinadamente, sonhadoramente, Balzac imagina que virá um tempo em que tudo estará terminado, quando poderá descansar e gozar de um sucesso brilhante e imóvel como uma pintura. Como se a vida pudesse se congelar de uma vez por todas.

Entretanto, nada indica que esse momento se aproxime, e, às preocupações habituais, acrescenta-se um novo desafio cada vez mais lancinante: o da saúde.

Em 29 de abril de 1842, eis o que escreve a Ève Hanska, que aparentemente reclama da escassez de cartas. Essas linhas o descrevem melhor que qualquer daguerreótipo:

> Para escrever, como sempre fiz, obras sem grandes preparações, em sete, dez ou quinze dias, é preciso levantar-se às 2 horas da madrugada e trabalhar quinze horas seguidas; durante os intervalos, pensa-se no fio da intriga, nas cenas e nas suas disposições. Escrever àquela que mais amamos nesse mundo exige que deponhamos o fardo dos pensamentos literários e das combinações dramáticas; será que isso ainda é possível? Então acrescente a isso as exigências dos negócios, das conferências, das tarefas diárias... As 24 horas, das quais sete pertencem ao sono, são sempre curtas demais. Na maior parte do tempo, não cuido do meu corpo, não tenho nem tempo de tomar banho, nem de me vestir, nem de fazer a barba. E há pessoas que me querem vestido como um dândi que passa se emperiquitando o tempo que eu levo para escrever [...]. Não creio que eu chegue ao próximo ano sem alguma catástrofe de fortuna ou de saúde. Não posso mais manter essa luta sozinho depois de quinze anos de trabalhos constantes. Criar, sempre criar! Deus criou apenas durante seis dias!

É um grito de dor. Mas não consegue mais parar, levado tanto pela necessidade financeira quanto por essa paixão singular que o devora, todos aqueles seres que precisa conceber, animar, cujos destinos precisa conduzir com braço de ferro... Agora, deve continuar esse combate infernal com a inquietude constante de que o corpo, em um dado momento, recusa-se a ir mais longe.

Ele tem fórmulas terríveis: "Chegarei morto!". Chegar. Chegar onde? Ele fixa incansavelmente os seus sonhos nessa imagem de um destino que se imobilizaria, que alcançaria um abrigo.

Há muitos anos sofre de enxaqueca, que chama de "inflamação no cérebro". Já em 1836, durante uma temporada no castelo de Sache, desmoronou durante um passeio. Durante os dias seguintes, experimentou dificuldades de fala. No ano seguinte, o médico e amigo Nacquart se preocupa: ele tosse muito, os seus pulmões chiam.

Em 1842, reclama de sobressaltos nervosos nas pálpebras. Nacquart acha então "os grandes vasos do coração um pouco entupidos". De novo, é vítima de perturbações. Inúmeros alertas ainda marcam o ano seguinte. Estafa-se de maneira crônica, passa noites em claro, usa e abusa do café. Está gordo demais. Impõe-se, dia após dia, esforços criativos estafantes. As preocupações com dinheiro o corroem. Hoje se diria que sofre de estresse. Em termos mais clássicos e familiares: ele está no seu limite. Há ainda as viagens à província ou ao exterior, que lhe pesam. Balzac não pára quieto. Percorreu a França por motivos diferentes, tomando notas para obras futuras em cada cidade visitada. Ora, a mínima viagem, nas condições da época, significa horas e horas sendo sacudido, sentindo frio, dormindo mal. Para um homem cuja saúde já não é excelente, é um fator agravante. E, naturalmente, Balzac sempre leva trabalho...

O ano de 1843 se anuncia ainda como período de labor e paciência. Ou de impaciência, como quisermos. Balzac sonha em deixar Paris para encontrar-se com Ève. Infelizmente, Ève não parece tão apressada. Ela debate-se com problemas de herança e gestão. Não é tão fácil se ver na direção do enorme domínio de Wierzchownia. Ela precisa da ajuda e da benevolência dos homens da lei. A lei russa proíbe, aliás, que um estrangeiro seja sócio, através do casamento, de uma propriedade imobiliária. Ela deve efetuar previamente uma doação em favor da sua filha. Tudo isso é complicado. E depois, ela teme que um novo casamento, precipitado, dê o que falar. Pelo menos é o que dá a entender. Talvez ela simplesmente hesite em unir a sua vida à de Honoré.

Apesar de tudo, faz sete anos que não se vêem. É muito tempo, sete anos. O que pode significar, no fundo, uma história de amor, quando vivemos tanto tempo a milhares de léguas um do outro?

De todo jeito, ele também está preso a Paris pelos romances que deve entregar. Publica em folhetins *Honorine*, que tem sucesso, as duas primeiras partes de *Esplendores e misérias das cortesãs*, as primeiras partes de *Ilusões perdidas*. São publicados em livro *Um caso tenebroso*, *A musa do departamento* e *Sobre Catherine de Médicis*, estranho conglomerado romanesco e histórico. Precisa, ao mesmo tempo, ocupar-se dos próximos volumes da edição geral de *A comédia humana*. Cada vez são mais obras a serem relidas, inúmeras correções, brigas com tipógrafos. O trabalho se desenvolve agora em três níveis: entrega em folhetins, primeira publicação em livro, edição da obra completa.

Em julho, enfim, tendo se livrado das tarefas mais urgentes, pode partir. Embarca para Dunquerque, São Petersburgo, para onde a sra. Hanska se deslocou a fim de ocupar-se da sucessão. Essa viagem por mar dura dias e o abala muito. Passa o verão e o início do outono na Rússia. Em outubro, desgostoso com os transportes marítimos, volta por Berlim, Potsdam, Leipzig, Dresden, Mayence. A viagem é interminável. Assim que chega, deve partir para o porto do Havre para buscar as suas bagagens, mandadas por barco.

Nesse meio-tempo, sofre um outro fracasso no teatro com o seu drama *Pámela Giraud*. Sonha mais uma vez com a

Academia, onde uma cadeira acaba de vagar, mas logo renuncia. Inútil levar em frente um fracasso previsível.

Em 1844, *A comédia* se enriquece de cinco novos volumes, ao passo que Balzac lança *Modeste Mignon* e *Os camponeses*. Duas decepções. *Modeste Mignon* não atrai os leitores do *Journal des débats*, que, para manter as vendas, anuncia com algazarra *O conde de Montecristo*. A publicação de *Os camponeses*, como já vimos, é brutalmente interrompida em proveito de *A rainha Margot*. Em dois ou três anos, Dumas se impôs como o rei do romance-folhetim. Balzac fica enfurecido. Não apenas Dumas lhe parece um charlatão, mas dizem ainda que é um enganador, que dá as idéias gerais e passa o trabalho a *ghost writers*. Transformou-se no desafeto de Balzac. Este achou *Os três mosqueteiros* repleto de erros. Além do mais, a própria personalidade de Dumas lhe é antipática. Não gosta desse personagem barulhento, desse homem cercado de mulheres que considera vulgar. Chama-o de louco e de acrobata. Contam que, um dia, exasperado pelos seus sucessos no teatro, disse-lhe com desdém diante de várias pessoas:

– Quando eu estiver acabado, farei dramas...

– Então você deveria começar imediatamente.

O melhor é que esses dois se evitem.

Não é impossível que Balzac tenha sentido inveja por outros motivos. O triunfo de *Montecristo* lhe faz sombra. Escolhendo um tema moderno, desenvolvendo uma boa parte da intriga na Paris contemporânea, Dumas entra no seu território. E que magnífico tema teria sido para ele! Esse grande senhor estrangeiro, fabulosamente rico, perseguindo em Paris uma vingança impiedosa; ele não encarna magnificamente bem o sonho de poder oculto? Sabe-se que Balzac sonhou em retomar o tema para adaptá-lo ao teatro.

Esse duplo fracasso de *Os camponeses* e de *Modeste Mignon* o atinge em cheio. É o próprio sentido e o objetivo da sua obra que são questionados. Decididamente, teria de conquistar tudo no braço. A sua vida é uma luta contínua e nunca vencida.

Consola-se sonhando que Ève estará em breve disponível. É questão de alguns meses no máximo. É preciso então que ele tome providências tendo em vista o bendito dia em que enfim ela virá se instalar perto dele em Paris. É nesse período que ele pega a mania dos antiquários e dos móveis antigos, descobrindo em si uma alma de colecionador; lembrará disso ao escrever *O primo Pons*. São mais alguns gastos consideráveis.

Mas antes de pensar em si mesma, Ève Hanska deseja agora casar a sua filha. Acha isso mais conveniente. E talvez inconscientemente ela tenha dúvidas. O escritor, no fundo, não quer apenas a sua fortuna? Além do mais, desconfia da sua fidelidade. Essa Breugniot, dita sra. de Brugnol, que serve de governanta a Balzac na sua casa de Passy, que papel ela tem exatamente?

Ela não se engana. Já mencionamos que o romancista percebeu que essa pessoa, recrutada para cuidar da sua casa, possui um corpo, e que esse corpo, pensando bem, não é nada mau. Não chega a ser a incandescente Flore Brazier que, em *Um aconchego de solteirão*, mantém o velho Rouget enfeitiçado, mas, enfim...

É preciso que ele se conceda algumas consolações e um pouco lazer. Ainda precisa agüentar a sua mãe. O seu meio-irmão Henri, no decorrer das suas viagens, casou-se. Voltou das Ilhas Maurício com a mulher e sem um tostão. A própria sra. Balzac mãe também não está financeiramente muito à vontade. Toda essa gente se volta para ele... Ele nunca pagou o que devia à sua família desde a aventura da tipografia. Ela não deixa de lembrá-lo.

Está difícil, mas continua lutando pelos seus sonhos. Lança-se em *A prima Bette*.

Os dois anos seguintes são um pouco mais ensolarados. Em maio de 1845, retoma a rota para Dresden, onde se encontra com a sra. Hanska, em companhia da sua filha e do namorado encontrado para ela, o conde Georges Mniszech. Passam por Hamburgo, ficam em Cannstatt, perto do Necker, depois ganham Strasbourg e enfim, Paris, onde Balzac alugou um apartamento para eles. O ano se desenrola com múltiplos deslocamentos, à Touraine, depois à Itália. No início de 1846, Balzac, cujos trabalhos o chamaram a Paris, encontra-se novamente com o trio em Roma, onde é recebido pelo papa Gregório XVI.

Todo esse período, em suma, foi bastante alegre. O quarteto singular, formado pelos dois noivos, pela mãe e pelo seu pretendente, se dá muito bem. Depois de um espetáculo de circo a que assistiram na Alemanha, deram-se apelidos. Balzac chama-se, de agora em diante, Bilboquet. Junto deles consegue se soltar, é tomado por uma alegria simples parecida à de uma família.

No outono de 1846, compra uma casa em Paris, na Rue Fortunée, hoje Rue Balzac, que vai começar a decorar com móveis e objetos de arte antiga que gosta de catar aqui e ali. Não mais duvida que o seu casamento é iminente. Ève Hanska empresta o dinheiro.

O fim do ano é marcado por um drama: Ève perde um bebê que estava esperando. Balzac fica desesperado. Já se via com um filho. Já o havia batizado Victor-Honoré. Podemos quase adivinhar que Ève Hanska, por sua vez, não ficou afetada pelo fim dessa gravidez imprevista. Aliviada, isso sim: eles ainda não estão casados.

Durante esses dois anos, Balzac escreve menos. Terminou *Esplendores e misérias das cortesãs*, publicou *Um homem de negócios*, *Os comediantes sem o saberem* e, sobretudo, *A prima Bette*. Descontrai-se. Ainda borbulha de projetos mas, secretamente, deseja repouso.

Esplendores e misérias das cortesãs, que dá continuidade a *Ilusões perdidas*, irá mantê-lo ocupado durante nove anos. Guiado por Vautrin – ou seja, Herrera –, Lucien de Rubempré, que quase se suicidou, vai tentar um grande retorno e se empenhará na conquista de Paris. Fracassará por fraqueza. Enquanto que Vautrin faz de tudo para casá-lo com Clotilde de Grandlieu, proveniente da melhor aristocracia, arrancando com esse objetivo dinheiro do banqueiro Nucingen, Lucien apaixona-se pela cortesã Esther, que é nada mais nada menos do que a filha do usurário Gobseck... O negócio é perfeitamente sórdido. Há mais de 250 personagens. É um dos mais prodigiosos cruzamentos de *A comédia humana*. E termina-se muito mal.

Vautrin, antigo forçado, falsário, cínico, manipulador, irá sair-se muito bem e terminará como chefe da polícia. Balzac inspirou-se, nesse ponto, no famoso François Vidocq, que adoraria ter conhecido. De certa maneira, Vautrin é, por antecipação, a figura simetricamente oposta a de Jean Valjean; a visão balzaquiana, menos cínica do que profundamente pessimista, opõe-se radicalmente às idéias redentoras de Hugo.

Nesse ano, no seu *Salão de 1846*, o jovem Baudelaire, que Balzac conhece por intermédio de Théophile Gautier, presta-lhe uma homenagem vibrante: "Os heróis da *Ilíada* não chegam aos seus pés, oh! Vautrin, oh! Rastignac, oh! Birotteau...". Enfim um crítico à sua altura!

A edição de *A comédia humana* continua. Em 1846-47, acrescentam-se ao monumento *O deputado de Arcis* e *O avesso da história contemporânea*. Balzac tem ainda inúmeros projetos, esboços: *A senhorita du Vissard*, *A mulher autora*, *O teatro como ele é...*

Nenhum dos seus rascunhos será concluído, e o díptico dos *Parentes pobres* (*A prima Bette, O primo Pons*) é a última obra-prima de Balzac. O exausto romancista permanece prodigiosamente igual ao que sempre foi. Esse canto do cisne é uma maravilha. A paixão ciumenta da solteirona ingrata Lisbeth, ou Bette, pelo refugiado polonês que acolheu por um tempo; a sua vingança atroz contra a família que a despreza; a avidez da família, que se manifesta em torno das coleções de Pons; a ingenuidade deplorável do seu único amigo, o velho músico Schumcke; ali tudo é violenta, cruel e apaixonadamente balzaquiano. A ferocidade e o vigor do traço são inéditos. No coração dessa Paris, burgueses e lojistas confirmam a intuição dos seus vinte anos; o romancista encontrou a matéria-prima de obras tão fortes quanto as tragédias shakespearianas. *Os parentes pobres* é a nona sinfonia de Balzac!

No outono, parte novamente para a Ucrânia. Antes, deixa a sua casa de Passy e conclui a instalação do futuro domicílio conjugal na Rue Fortunée. Foi preciso também, e não sem dificuldade, livrar-se da inoportuna "sra. de Brugnol", a criada-amante. Essa tinha posto a mão nas cartas da sra. Hanska, sobretudo no que se refere à gravidez e à perda do bebê, motivo para escândalo em São Petersburgo. Foi preciso recuperá-las...

Passa o inverno no castelo de Wierzchownia. Pelo menos encontra ali repouso, uma vida confortável entre inúmeros empregados. Ève parece não mais saber muito bem o que quer. Senhora da propriedade, preocupada com as dívidas de Honoré, tem uma grande dificuldade de decidir e organizar a sua vida.

Ele volta a Paris no início de 1848, com projetos de peças de teatro. É o seu sonho. Uma peça de teatro, diferentemente de um romance, pode ser escrita em alguns dias, pelo menos para um homem como ele. E, se o sucesso fizer parte do programa, isso representa uma receita considerável...

Mas o destino é impiedoso. Encontra Paris fervendo. As barricadas instalam-se nas ruas. Grita-se vivas à República. Louis-Philippe abdica na noite do dia 24 para o dia 25 de fevereiro e deixa Paris no mesmo instante. No dia seguinte, as Tuileries são invadidas e pilhadas. A República é instaurada. Até a sangrenta repressão de junho, a capital vive sob o signo da revolução operária. Balzac está apavorado: os trabalhadores querem trabalhar menos e ganhar mais! "É a inversão de todo o sistema", escreve. Chegamos aqui aos limites da reflexão de Balzac sobre a sociedade. Do pequeno comerciante e dos camponeses até as classes dominantes, os grandes banqueiros ou a aristocracia, foi um pintor lúcido, impiedoso. Mas não assimila a entrada em cena do mundo operário. A literatura francesa não cansa de girar em torno dessa novidade sem saber muito bem qual sentido ou qual estatuto lhe atribuir.

Hugo tentará fazê-lo com as entonações de um burguês esclarecido, generoso e até lírico: "Enquanto houver sobre a terra ignorância e miséria, livros como este aqui poderão não ser inúteis", escreverá na epígrafe de *Os miseráveis.* Instrução e pão para todos, esse é o seu programa. Balzac continua com aquele medo das "classes perigosas" que desaguará em repressões mais selvagens.

Isso não o impede de apresentar a sua candidatura, em abril, à Assembléia constituinte. Afinal, não é preciso que espíritos esclarecidos guiem esse povo e o lembrem da necessidade de um poder forte? Não é eleito.

No meio de toda essa confusão, sua peça *A madrasta*, apresentada em maio, cai na indiferença do público. Ironia do destino: pela primeira vez, a crítica havia falado bem! Trabalha em uma outra obra dramática, *Mercadet ou o fabricante*, que é aceita pela Comédie-Française e que não será montada enquanto Balzac estiver vivo. É, entretanto, a única peça de Balzac que teve algum sucesso... Em junho, enquanto a República burguesa se volta ferozmente contra os operários, Balzac está em Sache, com os seus amigos Margonne.

No final do verão, volta à Ucrânia. Cogita instalar-se ali definitivamente. A França não o interessa mais. Uma vez lá, deixa a vida levá-lo. Elabora projeto atrás de projeto, contempla, todas as manhãs, os seus papéis, mas a carcaça não o acompanha mais. O cérebro e o coração estão cansados, a circulação sanguínea, difícil e o fôlego, curto. Passa lá todo o ano de 1849, quando a Academia francesa, por duas vezes, rejeita a sua candidatura. Obteve dois votos. Victor Hugo fez o que podia. Balzac está decepcionado: gostaria ao menos de oferecer como presente de casamento essa eleição prestigiosa. Tanto mais que as suas relações com Ève estão contaminadas por questões de dinheiro. A mudança para a Rue Fortunée custou bastante caro, e, a cada vez que um credor ameaça, é ela quem paga. Tudo isso criou um clima desagradável.

Em março de 1850, entretanto, Balzac obtém, enfim, o que tanto desejava: a mão de Ève. O casamento é celebrado na igreja Sainte-Barbe de Berditcheff. Dezoito anos se passaram depois da primeira carta da "Estrangeira"... Mas esse momento tão esperado não vem tarde demais? Atingidos por sofrimentos de todo tipo, ainda podem acreditar na felicidade? Ela poderá ser feliz junto desse homem de 50 anos cuja saúde declina? Quanto a ela, temos o sentimento desagradável de que, depois de tantas hesitações, só se casou por pena. Sim, diríamos decididamente que tudo isso veio bem tarde...

Algumas semanas depois é o momento de voltar a Paris. A longa viagem se revela um pesadelo. Balzac, há meses, vai de médico em médico. Respira mal, está todo inchado. A sua visão degrada-se. O que ele tem? Não está muito claro. É acometido por uma bronquite. O coração, sufocado, cansa-se de bater. Os médicos falam também em hidropisia. O que não deixa dúvidas é que a viagem, nessas condições, é um suplício para ele. Ève de Balzac vê com angústia esse esposo que se esforça para dar uma boa impressão. Com afeto também, apesar de tudo. Não pode ser indiferente a esse homem cujo gênio admira e que a amou tanto tempo sem se cansar.

Chegam em Paris no mês de maio, já é noite. Balzac vive esse momento tão sonhado em meio ao esgotamento e ao sofrimento. A sra. de Balzac mãe, advertida pelo correio, fez com que tudo estivesse pronto, mas um episódio horrível estraga a sua chegada: o criado encarregado de acolhê-los é tomado por uma crise de loucura e recusa-se a abrir a porta. É preciso acordar um chaveiro. É nesse ambiente lúgubre que Balzac faz à sua amada as honras da casa que comprou e decorou, na sua opinião, magnificamente. Ève de Balzac, por sua vez, está bastante perturbada. Nessa casa enorme, desconfortável e pouco elegante, ele amontoou velharias dignas do primo Pons. Tudo ali é ao mesmo tempo suntuoso – um suntuoso chamativo – e desconfortável.

As pessoas foram, por vezes, muito severas com a sra. Hanska. Diziam que não amava mais Balzac, que tinha se casado a contragosto. É possível. É necessário, no entanto, imaginar o que deve ter sido para ela ver-se nessa cidade estrangeira, longe do mundo onde cresceu e viveu, casada com um homem célebre, é verdade, mas cujas dívidas esmagadoras incumbe-a de pagar e que evidentemente está para morrer. É bastante difícil imaginá-la entusiasmada.

Essa viagem terrível levou o que restava das forças de Balzac. Ele se arrasta. Está perdendo a visão. Os médicos recomendam repouso absoluto. Inchaços aparecem em diversos lugares do corpo. É preciso lhe fazer sangrias, punções. Perde com isso muito sangue.

No início do verão, o seu amigo Théophile Gautier, que irá à Itália, deseja visitá-lo e despedir-se. Para tanto, escreve-lhe um bilhete pedindo para marcar um encontro. É a sra. de Balzac que responde. Seu marido não está em estado de recebê-lo. No final da carta, com uma mão hesitante, o romancista traçou essas palavras a lápis: "Já não consigo nem ler nem escrever".

Gautier fica transtornado. "Guardamos como uma relíquia essa linha sinistra", escreveu, "a última provavelmente que escreveu o autor de *A comédia humana*; era o grito supremo, '*Eli lamma Sabactani?!*', do pensador e do trabalhador."

Em 18 de agosto, Victor Hugo, tendo ouvido que o seu colega se encontrava em um estado alarmante, apresenta-se ao cair da noite na Rue Fortunée. É recebido. Descreveu a cena. O quarto empestado. Os médicos mandaram colocar produtos destinados a livrar o ar do odor da gangrena que tomou conta de uma das pernas. Balzac está na cama, emagrecido, lívido, o rosto tomado pela barba. Não reconhece o visitante. Morre durante a madrugada.

Será impossível, como então era costume, realizar uma máscara mortuária: nas horas que seguem à morte, as carnes do rosto já estão apodrecendo.

Uma tradição quer que a agonia de Balzac tenha sido acompanhada de um pano de fundo abominável. Ève, durante as últimas horas de vida do seu marido, teria recebido o seu amante no quarto vizinho. Esse último, o pintor Gigoux, contará o episódio muitos anos mais tarde ao escritor Octave Mirabeau, em páginas ricas de detalhes sofríveis, bem de acordo com o seu gosto pelo sombrio. Mas nenhum dos biógrafos aceita essa história. Ève de Balzac realmente foi, mais tarde, companheira do pintor, mas parece que ela só o encontrou alguns meses depois, quando ele fazia o retrato da sua filha.

Durante essa noite de 18 de agosto, Hugo, de volta à sua casa, disse que a Europa ia perder um dos seus grandes espíritos. A sua admiração é real e profunda. O poeta do cérebro épico captou qual era a visão e o alcance do romancista. Durante os funerais em Saint-Philippe-du-Roule, quando um oficial evoca o "homem distinto" que era Balzac, responde em voz alta: "Era um gênio".

No Père-Lachaise, entre as muitas pessoas presentes, representantes do governo, jornalistas, escritores – incluindo o bom Dumas, de quem Balzac havia falado tão mal –, é mais uma vez Victor Hugo que toma a palavra e pronuncia um discurso que se tornou célebre. "O nome de Balzac se confundirá ao traço luminoso que a nossa época deixará no futuro...".

Tempos felizes que não duvidam da sua posteridade! Da obra, desenha um quadro ao mesmo tempo muito hugoliano e exato:

> Todos os seus livros formam um só livro, vivo, luminoso, profundo, em que se vê ir e vir, caminhar e se mover, com algo de espantoso e terrível, misturado ao real, toda a nossa civilização contemporânea; livro maravilhoso que o poeta chamou de *Comédia* e que poderia ter intitulado *História*.

Tem também a preocupação de fazer justiça àquele que conheceu dificuldades de outras espécies:

> Esse trabalhador poderoso e nunca cansado, esse filósofo, esse pensador, esse poeta, esse gênio viveu entre nós uma vida de lutas, de querelas, de combates, comum em todos os tempos a todos os grandes homens. Hoje, está em paz.

Sai das contestações e dos ódios. Entra, no mesmo dia, na glória e no túmulo.

O elogio fúnebre é um gênero que tem as suas passagens obrigatórias, as suas hipérboles inevitáveis; essas linhas acima, entretanto, soam precisas e verdadeiras. Com generosidade, com sinceridade, sobretudo com lucidez, Hugo acabava de colocar a primeira pedra de um renome póstumo que não cessará de crescer.

Ève de Balzac sobreviveria 32 anos àquele que fora o seu antigo amante durante mais de quinze anos, e o seu marido durante cinco meses. Curioso destino o dessa aristocrata nascida e crescida do outro lado da Europa, filha de um povo submisso aos czares e que se vê sozinha em Paris, viúva de um escritor cuja glória póstuma vê crescer a cada dia. Enfrenta a realidade, sente-se na obrigação de pagar as dívidas que ainda restam, deposita uma pensão para a sra. de Balzac mãe, toma precauções com o editor do seu marido, cujos papéis e os arquivos também começa a classificar.

É assim que ela conhece um jovem autor, Champfleury, apaixonado admirador de Balzac, ao qual ela pediu que a ajudasse nesse trabalho. Por um momento, torna-se a sua amante, antes de encontrar o pintor Jean Gigoux, já mencionado. As pessoas não se constrangerão em dizer, no círculo íntimo e na sociedade, que a viúva Balzac foi rapidamente consolada. Não há, entretanto, nada de espantoso nem de condenável no fato de que essa mulher, viúva pela segunda vez e em condições tão singulares, tenha buscado um ombro no qual se apoiar.

Viverá com o pintor até a sua morte, em 1882. Algum tempo antes, vendeu em títulos de renda vitalícia a casa da Rue Fortunée – já rebatizada Rue Balzac – à família Rothschild, que mandará demolir o imóvel para construir o hotel Salomon de Rothschild.

Um epílogo surpreendente da vida de escritor de Balzac ocorre nas horas que seguem-se à morte de Ève. Ele ainda tem dívidas e, logo que se soube do falecimento da sra. de Balzac, credores e vizinhos precipitam-se à casa, que é praticamente pilhada. Procuram móveis, objetos de valor. Os manuscritos são negligentemente jogados nas lixeiras; são depois recuperados pelos comerciantes vizinhos para servir de papel de embalagem. Felizmente, um certo visconde Charls Spoelberch de Lovenjoul, colecionador esclarecido particularmente interessado em Balzac, advertido do falecimento, veio ver o que estava acontecendo. Contará o episódio, a seguir, a Edmond de Goncourt. É no sapateiro em frente, onde viu papéis manuscritos, que coloca a mão em uma carta de Balzac a Ève Hanska. Entendendo o que está acontecendo, começa então a percorrer todos os comércios a fim de recuperar, mediante pagamento, rascunhos de romances, fragmentos de manuscritos. É em grande parte graças a essa busca providencial que podemos ler as "Cartas à Estrangeira", que constituem o inestimável diário de bordo do escritor.

Assim, era preciso retomar o que restava de Honoré de Balzac nessa Paris das ruas e das lojas pelas quais ele tanto amou passear, para observar uma figura, descobrir um sobrenome, recolher ao acaso uma conversa ou uma palavra de fala popular...

ANEXOS

Referências cronológicas

1799 (20 de maio) – Nascimento de Honoré de Balzac em Tours.

1800 e 1802 – Nascimento, respectivamente, das suas irmãs Laure, futura sra. Surville, e Laurence.

1807-1813 – Balzac é interno no colégio dos Oratoriens de Vendôme.

1814 – A família Balzac se instala em Paris.

1816-1819 – Honoré de Balzac estuda Direito e torna-se escrevente de procurador e, em seguida, de tabelião.

1819 – Determinado a tentar uma carreira literária, é autorizado a se instalar sozinho no número 9, Rue de Lesdiguières. Escreve uma peça em versos, *Cromwell*, que não sobreviverá à primeira leitura do círculo familiar. Os Balzac se instalam em Villeparisis.

1820-1824 – Honoré de Balzac publica diversos romances com pseudônimos de Lord R'hoone e Horace de Saint-Aubin.

1822 – Encontra em Villeparisis Laure de Berny, uma mulher casada e 22 anos mais velha do que ele.

1825-27 – Balzac torna-se editor, depois impressor e fundidor de caracteres. A empresa, financiada pela família e por amigos, vai à falência. Nunca mais deixará de ter dívidas.

1825 – Conhece a duquesa d'Abrantès, viúva do marechal Junot. Torna-se seu amante sem interromper a sua relação com a sra. de Berny. Conhece também Zulma Carraud, por intermédio da sua irmã Laure. Zulma permanecerá uma amiga.

1829 – Morte do pai de Balzac. Publicação de *Fisiologia do casamento* e *A Bretanha em 1799*, primeiro romance assinado com o seu nome e posteriormente integrado a *A comédia humana*.

1830 – Balzac escreve e publica as "Cenas da vida privada". Torna-se um jovem autor de sucesso, recebido nos diversos salões e colaborador de inúmeros jornais.

1831 – Triunfo de *A pele de onagro. Romances e contos filosóficos.*

1832 – Paixão infeliz pela marquesa de Castries, que o incita a se aproximar dos legitimistas na política. Publica principalmente os primeiros *Contos jocosos*, *Madame Firmiani*, *O Romeiral*, *O coronel Chabert*, *O cura de Tours.*

1833 – *Louis Lambert*, *Eugénie Grandet*, *O ilustre Gaudissart*, *Ferragus*, *O médico rural.* Em setembro, encontra na Suíça Evelyne Hanska, com a qual troca, há vários meses, uma correspondência inflamada.

1834 – Em janeiro, em Genebra, torna-se amante da sra. Hanska. Ligação com a condessa Guidoboni-Visconti. Publica *A duquesa de Langeais*, *A busca do absoluto.*

1835 – *O pai Goriot*, romance no qual inaugura o sistema de retorno dos personagens. *O contrato de casamento*, *O lírio do vale*, *Seráfita.* Perseguido pelos credores, deixa a Rue Cassini e se instala com um nome falso no bairro de Chaillot. Em maio, encontra-se com a sra. Hanska em Viena.

1836 – Funda um jornal efêmero, *La chronique de Paris.* Viagem à Itália (Turim). Morte da sra. de Berny. *A missa do ateu*, *A interdição*, *Facino Cane.*

1837 – Nova temporada na Itália (Milão, Veneza, Gênova, Florença). Compra uma pequena propriedade entre Sèvres e Ville-d'Avray, chamado Jardies. Início de *Ilusões perdidas*, *A solteirona*, *Os funcionários*, *Gambara*, *César Birotteau.*

1838 – Balzac vai à Sardenha, onde espera obter a concessão de uma jazida mineral sobre a qual ouviu falar no ano precedente. Mas o negócio já está sendo explorado por outra pessoa. Publica *O cura da aldeia* e *A casa Nucingen.*

1839 – *O gabinete das antigüidades*, *Uma filha de Eva*, *Béatrix*, *Os segredos da princesa Cadignan*. Continuação de *Ilusões perdidas* e início de *Esplendores e misérias das cortesãs*.

1840 – O seu drama *Vautrin*, apresentado no teatro da porta de Saint-Martin, é censurado. Balzac funda, sem obter êxito, a *Revue Parisienne*, na qual publica um artigo bastante elogioso sobre *A cartuxa de Parma*. Vende Jardies e se instala em Passy. Publicação de *Pierrette*, *Um príncipe da Boêmia*, *Z. Marcas*.

1841 – Balzac assina um contrato com Furne & Cia. para a edição completa de *A comédia humana*. Publica *Memórias de duas jovens esposas*, *Ursule Mirouët*, *Um aconchego de solteirão*, *Um caso tenebroso*.

1842 – Recebe a notícia da morte do marido da sra. Hanska. A sua peça *Os recursos de Quinola* fracassa. *Uma estréia na vida*, *Albert Savarus*. O primeiro volume de *A comédia humana* é publicado, precedido de uma importante apresentação.

1843 – Viagem a São Petersburgo, onde encontra-se a sra. Hanska. Problemas de saúde. O seu médico evoca uma inflamação das meninges. *Honorine*, *A musa do departamento*, fim de *Ilusões perdidas*.

1844 – *Modeste mignon*, *Os camponeses*. Surgem obstáculos para o seu casamento com a sra. Hanska: a lei russa impede a alienação de bens imobiliários a um estrangeiro.

1845 – Viagem de Balzac e Ève Hanska, acompanhados de Ana, a sua filha, e do noivo dessa, à França e à Itália.

1846 – Balzac compra um palacete na Rue Fortunée, prevendo o seu casamento. Grávida, a sra. Hanska perde o bebê. Publicação de *A prima Bette*.

1847 – No outono, Balzac passa, pela primeira vez, uma temporada no castelo de Wierzchownia, na Ucrânia. A sua saúde se degrada. Publica *O primo Pons* e o fim de *Esplendores e misérias das cortesãs*.

1848 – De volta a Paris, Balzac testemunha a queda de Louis-Philippe e o advento da segunda República. A sua peça *A madrasta*, bem acolhida pela crítica, é um fracasso comercial. Em setembro, troca Paris por Wierzchownia.

1849 – Tendo permanecido na Ucrânia, Balzac quase não escreve mais. A sua saúde está cada vez pior: hipertrofia do coração, hidropisia, bronquite, oftalmias...

1850 – Em março, o casamento de Balzac e Ève Hanska é celebrado em Berditcheff. Em maio, o casal chega a Paris. A viagem terminou de arruinar a saúde já muito frágil do escritor, que deve agora fazer repouso. Balzac morre na madrugada do dia 18 para o dia 19 de agosto.

Referências bibliográficas

As obras de Balzac estão disponíveis em todos os tipos de edição em francês. *A comédia humana* [*La comédie humaine*] e as *Obras diversas* [*Oeuvres diverses*] da Bibliothèque de la Pléiade são, evidentemente, a grande referência. Menciona-se igualmente a edição completa da coleção "Bouquins" (Robert Laffont).

Quanto à correspondência, podem-se adquirir facilmente as indispensáveis *Cartas à sra. Hanska* [*Lettres à Mme. Hanska*], edição estabelecida por Roger Pierrot (Robert Laffont, coleção "Bouquins", 1990, 2 v.). Mas o volume *Correspondência* [*Correspondance*], também editado por Roger Pierrot para a coleção "Classiques Garnier", pode ser encontrado em bibliotecas.

No que diz respeito aos estudos e aos trabalhos sobre Balzac, a bibliografia é gigantesca, na França e no exterior. Proporemos apenas algumas pistas aos apreciadores desejosos de saber mais.

Entre os testemunhos contemporâneos, recomendamos os de Léon Gozlan, *Balzac de pantufas* [*Balzac en pantoufles*] (1856), reeditado em 2001 por Maisonneuve & Larose; Théophile Gautier, *Balzac* (1858), reeditado em 1999 por Castor Astral; e Laure Surville (irmã de Balzac), *Balzac, sua vida e suas obras* [*Balzac, sa vie et ses oeuvres*] (1856), não-reeditado. Necessariamente incompletos, por vezes inexatos, são, entretanto, insubstituíveis, por situarem Balzac no seu mundo e por nos fazerem perceber a sua maneira de ser.

Entre os numerosos biógrafos de Balzac, podemos citar Stefan Zweig, com *Balzac, o romance da sua vida* [*Balzac, le roman de sa vie*] (1950, para a edição francesa), e André Maurois, autor de *Prometeu ou a vida de Balzac* [*Prométhée ou la vie de Balzac*] (1965). Stefan Zweig também dedicou um estudo a Balzac em *Três mestres* [*Trois maîtres*] (1919), ao lado de Dickens e de Dostoiévski.

Do que existe de mais recente, indicaremos as biografias de Henri Troyat (Flammarion, 1995) e de Roger Pierrot (Fayard, 1994), mais acadêmica.

Os grandes estudos clássicos sobre a obra são os de Pierre Barbéris (*Le monde de Balzac* [*O mundo de Balzac*], 1971), Maurice Bardèche (*Balzac romancier* [*Balzac romancista*], 1945) e *Une lecture de Balzac* [*Uma leitura de Balzac*], 1964), Albert Béguin (*Balzac visionnaire* [*Balzac visionário*], 1946) e (*Balzac lu et relu* [*Balzac lido e relido*], 1965), Gaétan Picon (*Balzac par lui-même* [*Balzac por ele mesmo*], 1967), André Wurmser (*La comédie inhumaine* [*A comédia inumana*] , 1964 e 1970). Vale mencionar igualmente *Balzac* (Gallimard, "Tel", 1999), que compila o conjunto dos textos consagrados a Balzac pelo filósofo Alain numa edição estabelecida por Robert Bourgne.

Enfim, o indispensável vade-mécum do leitor de Balzac é *Balzac et son monde* [*Balzac e seu mundo*], de Félicien Marceau (Gallimard, "Tel", 1970 e 1986): um levantamento saborosamente comentado e cuidadosamente indexado de todos os personagens balzaquianos, classificados por tipos e acompanhados de romance em romance ao longo das suas reaparições.

Há diversos *sites* dedicados a Balzac na Internet com objetivos e qualidades desiguais. Mencionaremos apenas o da *Maison de Balzac à Paris* [*Casa de Balzac em Paris*] (recomendamos a visita desse museu repleto de charme, situado no endereço 47, Rue Raynouard, 75016). O *site* indica todas as atividades desse apaixonante museu balzaquiano e ainda dá acesso à indexação do vocabulário de Balzac realizada por Kazuo Kirju, professor emérito da Universidade de Saitama (Japão), e à primeira edição de *A comédia humana*, a de Furne, realizada em vida pelo próprio escritor.

Livros de Balzac no Brasil

No Brasil, a *A comédia humana* foi publicada integralmente pela primeira vez nas décadas de 1940 e 1950 pela Editora Globo, em dezessete volumes cuja edição foi coordenada por Paulo Rónai. Em 2006, a L&PM Editores iniciou o projeto de publicar em formato de bolso, em novas traduções, os títulos que compõem *A comédia*.

Livros de Balzac publicados na Coleção **L&PM** Pocket:

A duquesa de Langeais. Trad. Paulo Neves. Porto Alegre: L&PM, 2006.

A menina dos olhos de ouro. Trad. Ilana Heineberg. Porto Alegre: L&PM, 2006.

A mulher de trinta anos. Trad. Paulo Neves. Porto Alegre: L&PM, 1998.

A vendeta seguido de *A paz conjugal*. Trad. William Lagos. Porto Alegre: L&PM, 2006.

Eugénie Grandet. Trad. Ivone C. Benedetti. Porto Alegre: L&PM, 2006.

Estudos de mulher (Inclui o prefácio original de Balzac à *Comédia Humana*). Trad. Rubem Mauro Machado. Porto Alegre: L&PM, 2006.

Ferragus. Trad. William Lagos. Porto Alegre: L&PM, 2006.

O lírio do vale. Trad. Rosa Freire d'Aguiar. Porto Alegre: L&PM, 2006.

O pai Goriot. Trad. Celina Portocarrero e Ilana Heineberg. Porto Alegre: L&PM, 2006.

Próximos lançamentos de Balzac na Coleção **L&PM** Pocket:

Ilusões perdidas – Tradução de Ivone C. Benedetti.

Esplendores e misérias das cortesãs – Tradução de Ilana Heineberg

Ascensão e queda de César Birotteau – Tradução de Herculano Villas-Bôas

Fisiologia do casamento – Tradução de Herculano Villas-Bôas

A busca do absoluto – Tradução de Paulo Neves

Um episódio do Terror seguido de *Um caso tenebroso* – Tradução de Rejane Janowitzer

A obra-prima desconhecida e outras histórias – Tradução de Dorothée de Bruchard

Louis Lambert – Tradução de Paulo Neves

Seráfita – Tradução de Paulo Neves

Patologia da vida social – Tradução de Renée Eve Lévié

Outras edições:

A obra-prima ignorada. Trad. Teixeira Coelho. São Paulo: Comunique, 2003.

Código dos homens honestos. Trad. Léa Novaes. Rio de Janeiro: Nova Fronteira, 2005.

O amor desmascarado. Bomtexto, 2003.

Os jornalistas. Trad. João Domenech. Rio de Janeiro: Ediouro, 2004.

Tratado dos excitantes modernos. São Paulo: Landy, 2003.

Sobre o autor

FRANÇOIS TAILLANDIER é romancista. Publicou cerca de quinze livros, entre eles *Nuits Racine* (Fallois, prêmio Roger-Nimier, 1992), *Anielka*, grande Prêmio do Romance da Academia Francesa, 1999 e *Option Paradis* (Stock, 2005). Também dedicou ensaios a Borges e a Aragon.

Coleção **L&PM** POCKET (LANÇAMENTOS MAIS RECENTES)

349.**Nada de novo no front** – E. M. Remarque
350.**A hora dos assassinos** – Henry Miller
351.**Flush - Memórias de um cão** – Virginia Woolf
352.**A guerra no Bom Fim** – M. Scliar
353(1).**O caso Saint-Fiacre** – Simenon
354(2).**Morte na alta sociedade** – Simenon
355(3).**O cão amarelo** – Simenon
356(4).**Maigret e o homem do banco** – Simenon
357.**As uvas e o vento** – Pablo Neruda
358.**On the road** – Jack Kerouac
359.**O coração amarelo** – Pablo Neruda
360.**Livro das perguntas** – Pablo Neruda
361.**Noite de Reis** – William Shakespeare
362.**Manual de Ecologia** – vol.1 – J. Lutzenberger
363.**O mais longo dos dias** – Cornelius Ryan
364.**Foi bom prá você?** – Nani
365.**Crepusculário** – Pablo Neruda
366.**A comédia dos erros** – Shakespeare
367(5).**A primeira investigação de Maigret** – Simenon
368(6).**As férias de Maigret** – Simenon
369.**Mate-me por favor (vol.1)** – L. McNeil
370.**Mate-me por favor (vol.2)** – L. McNeil
371.**Carta ao pai** – Kafka
372.**Os vagabundos iluminados** – J. Kerouac
373(7).**O enforcado** – Simenon
374(8).**A fúria de Maigret** – Simenon
375.**Vargas, uma biografia política** – H. Silva
376.**Poesia reunida (vol.1)** – A. R. de Sant'Anna
377.**Poesia reunida (vol.2)** – A. R. de Sant'Anna
378.**Alice no país do espelho** – Lewis Carroll
379.**Residência na Terra 1** – Pablo Neruda
380.**Residência na Terra 2** – Pablo Neruda
381.**Terceira Residência** – Pablo Neruda
382.**O delírio amoroso** – Bocage
383.**Futebol ao sol e à sombra** – E. Galeano
384(9).**O porto das brumas** – Simenon
385(10).**Maigret e seu morto** – Simenon
386.**Radicci 4** – Iotti
387.**Boas maneiras & sucesso nos negócios** – Celia Ribeiro
388.**Uma história Farroupilha** – M. Scliar
389.**Na mesa ninguém envelhece** – J. A. P. Machado
390.**200 receitas inéditas do Anonymus Gourmet** – J. A. Pinheiro Machado
391.**Guia prático do Português correto – vol.2** – Cláudio Moreno
392.**Breviário das terras do Brasil** – Luis A. de Assis Brasil
393.**Cantos Cerimoniais** – Pablo Neruda
394.**Jardim de Inverno** – Pablo Neruda
395.**Antonio e Cleópatra** – William Shakespeare
396.**Tróia** – Cláudio Moreno
397.**Meu tio matou um cara** – Jorge Furtado
398.**O anatomista** – Federico Andahazi
399.**As viagens de Gulliver** – Jonathan Swift
400.**Dom Quixote – v.1** – Miguel de Cervantes
401.**Dom Quixote – v.2** – Miguel de Cervantes
402.**Sozinho no Pólo Norte** – Thomaz Brandolin
403.**Matadouro Cinco** – Kurt Vonnegut
404.**Delta de Vênus** – Anaïs Nin
405.**O melhor de Hagar 2** – Dik Browne
406.**É grave Doutor?** – Nani
407.**Orai pornô** – Nani
408(11).**Maigret em Nova York** – Simenon
409(12).**O assassino sem rosto** – Simenon
410(13).**O mistério das jóias roubadas** – Simenon
411.**A irmãzinha** – Raymond Chandler
412.**Três contos** – Gustave Flaubert
413.**De ratos e homens** – John Steinbeck
414.**Lazarilho de Tormes** – Anônimo do séc. XVI
415.**Triângulo das águas** – Caio Fernando Abreu
416.**100 receitas de carnes** – Sílvio Lancellotti
417.**Histórias de robôs: vol.1** – org. Isaac Asimov
418.**Histórias de robôs: vol.2** – org. Isaac Asimov
419.**Histórias de robôs: vol.3** – org. Isaac Asimov
420.**O país dos centauros** – Tabajara Ruas
421.**A república de Anita** – Tabajara Ruas
422.**A carga dos lanceiros** – Tabajara Ruas
423.**Um amigo de Kafka** – Isaac Singer
424.**As alegres matronas de Windsor** – Shakespeare
425.**Amor e exílio** – Isaac Bashevis Singer
426.**Use & abuse do seu signo** – Marília Fiorillo e Marylou Simonsen
427.**Pigmaleão** – Bernard Shaw
428.**As fenícias** – Eurípides
429.**Everest** – Thomaz Brandolin
430.**A arte de furtar** – Anônimo do séc. XVI
431.**Billy Bud** – Herman Melville
432.**A rosa separada** – Pablo Neruda
433.**Elegia** – Pablo Neruda
434.**A garota de Cassidy** – David Goodis
435.**Como fazer a guerra: máximas de Napoleão** – Balzac
436.**Poemas de Emily Dickinson**
437.**Gracias por el fuego** – Mario Benedetti
438.**O sofá** – Crébillon Fils
439.**O "Martín Fierro"** – Jorge Luis Borges
440.**Trabalhos de amor perdidos** – W. Shakespeare
441.**O melhor de Hagar 3** – Dik Browne
442.**Os Maias (volume1)** – Eça de Queiroz
443.**Os Maias (volume2)** – Eça de Queiroz
444.**Anti-Justine** – Restif de La Bretonne
445.**Juventude** – Joseph Conrad
446.**Singularidades de uma rapariga loura** – Eça de Queiroz
447.**Janela para a morte** – Raymond Chandler
448.**Um amor de Swann** – Marcel Proust
449.**À paz perpétua** – Immanuel Kant
450.**A conquista do México** – Hernan Cortez
451.**Defeitos escolhidos e 2000** – Pablo Neruda
452.**O casamento do céu e do inferno** – William Blake
453.**A primeira viagem ao redor do mundo** – Antonio Pigafetta
454(14).**Uma sombra na janela** – Simenon
455(15).**A noite da encruzilhada** – Simenon
456(16).**A velha senhora** – Simenon
457.**Sartre** – Annie Cohen-Solal
458.**Discurso do método** – René Descartes
459.**Garfield em grande forma** – Jim Davis

460.**Garfield está de dieta** – Jim Davis
461.**O livro das feras** – Patricia Highsmith
462.**Viajante solitário** – Jack Kerouac
463.**Auto da barca do inferno** – Gil Vicente
464.**O livro vermelho dos pensamentos de Millôr** – Millôr Fernandes
465.**O livro dos abraços** – Eduardo Galeano
466.**Voltaremos!** – José Antonio Pinheiro Machado
467.**Rango** – Edgar Vasques
468.**Dieta mediterrânea** – Dr. Fernando Lucchese e José Antonio Pinheiro Machado
469.**Radicci 5** – Iotti
470.**Pequenos pássaros** – Anaïs Nin
471.**Guia prático do Português correto – vol.3** – Cláudio Moreno
472.**Atire no pianista** – David Goodis
473.**Antologia Poética** – García Lorca
474.**Alexandre e César** – Plutarco
475.**Uma espiã na casa do amor** – Anaïs Nin
476.**A gorda do Tiki Bar** – Dalton Trevisan
477.**Garfield um gato de peso** – Jim Davis
478.**Canibais** – David Coimbra
479.**A arte de escrever** – Arthur Schopenhauer
480.**Pinóquio** – Carlo Collodi
481.**Misto-quente** – Charles Bukowski
482.**A lua na sarjeta** – David Goodis
483.**Recruta Zero** – Mort Walker
484.**Aline 2: TPM – tensão pré-monstrual** – Adão Iturrusgarai
485.**Sermões do Padre Antonio Vieira**
486.**Garfield numa boa** – Jim Davis
487.**Mensagem** – Fernando Pessoa
488.**Vendeta** *seguido de* **A paz conjugal** – Balzac
489.**Poemas de Alberto Caeiro** – Fernando Pessoa
490.**Ferragus** – Honoré de Balzac
491.**A duquesa de Langeais** – Honoré de Balzac
492.**A menina dos olhos de ouro** – Honoré de Balzac
493.**O lírio do vale** – Honoré de Balzac
494(17).**A barcaça da morte** – Simenon
495(18).**As testemunhas rebeldes** – Simenon
496(19).**Um engano de Maigret** – Simenon
497.**A noite das bruxas** – Agatha Christie
498.**Um passe de mágica** – Agatha Christie
499.**Nêmesis** – Agatha Christie
500.**Esboço para uma teoria das emoções** – Jean-Paul Sartre
501.**Renda básica de cidadania** – Eduardo Suplicy
502(1).**Pílulas para viver melhor** – Dr. Lucchese
503(2).**Pílulas para prolongar a juventude** – Dr. Lucchese
504(3).**Desembarcando o Diabetes** – Dr. Lucchese
505(4).**Desembarcando o Sedentarismo** – Dr. Fernando Lucchese e Cláudio Castro
506(5).**Desembarcando a Hipertensão** – Dr. Lucchese
507(6).**Desembarcando o Colesterol** – Dr. Fernando Lucchese e Fernanda Lucchese
508.**Estudos de mulher** – Balzac
509.**O terceiro tira** – Flann O'Brien
510.**100 receitas de aves e ovos** – José Antonio Pinheiro Machado
511.**Garfield em toneladas de diversão** – Jim Davis
512.**Trem-bala** – Martha Medeiros
513.**Os cães ladram** – Truman Capote
514.**O Kama Sutra de Vatsyayana**
515.**O crime do Padre Amaro** – Eça de Queiroz
516.**Odes de Ricardo Reis** – Fernando Pessoa
517.**O inverno da nossa desesperança** – John Steinbeck
518.**Piratas do Tietê** – Laerte
519.**Rê Bordosa: do começo ao fim** – Angeli
520.**O Harlem é escuro** – Chester Himes
521.**Café-da-manhã dos campeões** – Kurt Vonnegut
522.**Eugénie Grandet** – Balzac
523.**O último magnata** – F. Scott Fitzgerald
524.**Carol** – Patricia Highsmith
525.**100 receitas de patisseria** – Sílvio Lancellotti
526.**O fator humano** – Graham Greene
527.**Tristessa** – Jack Kerouac
528.**O diamante do tamanho do Ritz** – S. Fitzgerald
529.**As melhores histórias de Sherlock Holmes** – Arthur Conan Doyle
530.**Cartas a um jovem poeta** – Rilke
531(20).**Memórias de Maigret** – Simenon
532.**O misterioso sr. Quin** – Agatha Christie
533.**Os analectos** – Confúcio
534(21).**Maigret e os homens de bem** – Simenon
535(22).**O medo de Maigret** – Simenon
536.**Ascensão e queda de César Birotteau** – Balzac
537.**Sexta-feira negra** – David Goodis
538.**Ora bolas – O humor cotidiano de Mario Quintana** – Juarez Fonseca
539.**Longe daqui aqui mesmo** – Antonio Bivar
540(5).**É fácil matar** – Agatha Christie
541.**O pai Goriot** – Balzac
542.**Brasil, um país do futuro** – Stefan Zweig
543.**O processo** – Kafka
544. **O melhor de Hagar 4** – Dik Browne
545(6).**Por que não pediram a Evans?** – Agatha Christie
546.**Fanny Hill** – John Cleland
547.**O gato por dentro** – William S. Burroughs
548.**Sobre a brevidade da vida** – Sêneca
549.**Geraldão 1** – Glauco
550.**Piratas do Tietê 2** – Laerte
551.**Pagando o pato** – Ciça
552.**Garfield de bom humor** – Jim Davis
553.**Conhece o Mário?** – Santiago
554.**Radicci 6** – Iotti
555.**Os subterrâneos** – Jack Kerouac
556(1).**Balzac** – François Taillandier
557(2).**Modigliani** – Christian Parisot
558(3).**Kafka** – Gérard-Georges Lemaire
559(4).**Júlio César** – Joël Schmidt
560.**Receitas da família** – J. A. Pinheiro Machado
561.**Boas maneiras à mesa** – Celia Ribeiro
562(9).**Filhos sadios, pais felizes** – R. Pagnoncelli
563(10).**Fatos & mitos** – Dr. Fernando Lucchese
564.**Ménage à trois** – Paula Taitelbaum
565.**Mulheres!** – David Coimbra
566.**Poemas de Álvaro de Campos** – Fernando Pessoa
567.**Medo e outras histórias** – Stefan Zweig
568.**Snoopy e sua turma (1)** – Schulz
569.**Piadas para sempre (livro 1)** – Visconde da Casa Verde
570.**O alvo móvel** – Ross MacDonald